孩子看得懂的经济学

买东西为什么要花钱？

唐鹏鸣 / 著

小井井 / 绘

海豚出版社
DOLPHIN BOOKS

CICG 中国国际传播集团

图书在版编目（ＣＩＰ）数据

孩子看得懂的经济学 . 买东西为什么要花钱？ / 唐
鹏鸣著；小井井绘 . — 北京 : 海豚出版社，2022.6
ISBN 978-7-5110-6002-0

Ⅰ . ①孩… Ⅱ . ①唐… ②小… Ⅲ . ①经济学 – 少儿
读物 Ⅳ . ① F0-49

中国版本图书馆 CIP 数据核字（2022）第 096016 号

孩子看得懂的经济学　买东西为什么要花钱？

唐鹏鸣　著　小井井　绘

出 版 人	王　磊	
出　　品	丁俊松	
统　　筹	郑海波	
策　　划	田鑫鑫	
责任编辑	梅秋慧　潘金月	
特约编辑	潘惠同　董晓雪　吕思思	
封面设计	扁　舟　尚丽俐	
装帧设计	杨西霞	
责任印制	于浩杰　蔡　丽	
法律顾问	中咨律师事务所　殷斌律师	
出　　版	海豚出版社	
地　　址	北京市西城区百万庄大街 24 号	
邮　　编	100037	
电　　话	010-68325006（销售）　010-68996147（总编室）	
印　　刷	北京盛通印刷股份有限公司	
经　　销	新华书店及网络书店	
开　　本	720mm×1000mm　1/16	
印　　张	23.5（全八册）	
字　　数	240 千字（全八册）	
印　　数	20000	
版　　次	2022 年 6 月第 1 版　2022 年 6 月第 1 次印刷	
标准书号	ISBN 978-7-5110-6002-0	
定　　价	200.00 元（全八册）	
版　　权	daly.ding@chinamediatime.com	

序 言

　　《孩子看得懂的经济学》是一套别出心裁的面向儿童的经济学科普读物。这套书从读者同龄人的视角出发，用贴近儿童生活的生动案例，以图文并茂的形式为读者打开了经济学世界的大门。这套书的定位是儿童读物，但其内容涉及经济学的诸多基础理论，比如厂商理论、消费者理论、外部性、信息不对称等。

　　许多家长可能会有疑问，孩子有必要这么早就接触经济学理论吗？答案是——很有必要。让孩子更早地了解和认识经济学，并不是要让他们学会"斤斤计较"，而是要让他们尝试去思考支配着人们的经济行为背后的逻辑。现代社会的经济活动高度复杂，每个个体都通过经济这张网络紧密地相互联结在一起。用恰当的方式让孩子接触和领会经济学原理，能够为孩子提供一个认识经济、认识社会，最终认识自己行为的思维起点。

　　更重要的是，要让孩子逐渐理解他（她）所做的每一个选择都有相应的收益和成本。成长的过程就是孩子逐渐发现自己的"目标函数"的过程，即从其所关切的目标出发，然后赋予每个选择所对应的"收益"与"成本"的过程。如果孩子具备一些经济学思维，他（她）在确立自己的人生目标之后，就更可能"理性"地去选择最能实现其人生价值的成长道路。

　　最后，我诚挚地向大家推荐这套优秀的经济学科普读物，相信不会令读者失望。

厦门大学经济学院、王亚南经济研究院助理教授

高岭

目　录

沈小冰

阳光小学二年级女生。虽然名字叫小冰，但是性格却活泼开朗，热情仗义。行动力超强，以至于有的时候有点儿冒失。最喜欢吃好吃的，出去玩儿和玩游戏等一切新鲜的活动也是小冰的挚爱！目前的理想是成为像姐姐沈小霜一样的人。

沈小霜

沈小冰的姐姐，R 大经济学专业硕士二年级在读。人如其名，做事沉稳严谨。只有在面对小冰的时候，才会有时候意外流露出爱逗人玩儿的淘气一面。

喜欢看书和思考，理想是当一名经济学家。

沈小冰放暑假在家，
周边开办了美食节，
她和姐姐小霜想去大吃一顿……

1. 如果我们只盯着商品材料的钱

成本不止是货币成本

沈小冰的暑假过得有点儿无聊。

一个多星期前，刚刚期末考试完，沈小冰终于从妈妈那里解放了被"囚禁"一个多月的 iPad，和同学们相约玩儿了几局游戏，不亦乐乎。

可是这神仙日子过了一周，小冰就再也不想点开 iPad 上的游戏图标了。

该干点儿什么好呢？

沈小冰开始在床上打起滚儿来："老天爷呀！还有什么好玩儿的事儿呀！"

隔壁房间里，姐姐沈小霜正在看学校老师推荐的经济学读物，听到小冰的"哀嚎"，她从门里探出头："小冰，我听说咱们附近的商场正在办美食节，我看到里面有超大号烤鱿鱼、创意冰激凌……还有你最最喜欢的章鱼小丸子！要不要一起去逛逛呀？"

小冰听得眼睛都直了："我要去，我要去！章鱼小丸子，我来啦！"

她一边说，一边打开衣柜，开始翻起适合出门的衣服！

¥2.00   ¥5.00

但是话音刚落，就听妈妈说道：

"去什么美食节呀！那边的小吃可贵了啊！

"你就看这烤鱿鱼。烤鱿鱼的叔叔买一条鱿鱼才2元钱，这叫**成本价**；他在美食节烤一烤，刷刷酱料，就能卖5元钱，这是**销售价**。

"小冰，你学过乘除法，这个鱿鱼的销售价是不是比成本价的两倍还多？

"章鱼小丸子更是暴利，原料就只有一点儿章鱼脚、胡萝卜和面粉，成本价可能还不到1元钱。**还不如让妈妈在家里给你们做呢！**"

小冰听完妈妈的话，想了想，觉得有点儿道理，于是点了点头，对妈妈说："那我还是吃妈妈做的吧！妈妈做饭这么好吃，一定不会有问题！"

　　一边的姐姐小霜似乎有些话想说，但是看着妈妈胸有成竹的样子，犹豫了一会儿，把己到嘴边的话咽了下去。

　　"你们在家等着，我去买菜，回来给你们做！"妈妈听到小冰的夸奖，仿佛也燃起了熊熊的斗志，迅速换上一身衣服，"砰"的一声关上了门。

你知道上面的那些食材都叫什么名字吗？

这个问题肯定难不住你，对不对？下一个问题有点儿难度哟，你知道在重量相同的情况下，哪种食材最贵、哪种食材最便宜吗？

到底是妈妈，出门还不到一个小时，就拎着两大袋东西回了家。

小冰数了数，有鱿鱼、牛肉、羊肉、鱼丸、洋葱、胡萝卜……以及各种酱料。

虽然这些比起美食节上的吃的，种类还是少了很多，但是看在妈妈这么辛苦的分儿上，小冰决定一边看故事书，一边好好地期待美食！

就是……这些吃的，是不是有点儿太多啦，都可以够他们一家人吃一星期啦！

就在小冰期盼着妈妈做的小吃时，

厨房里，一场没有硝烟的战斗却在悄悄展开。

妈妈对着一大堆食材发起了愁，虽然自己平时厨艺还不错，但做的大多是正餐类的饭菜，以炖、炒、煮为主要烹饪方式。这会儿光是看着简单的烤鱿鱼，就又得煎，又得炸；**做章鱼小丸子没有专门的锅具，只能用普通的锅，那可要费不少劲儿，火候还不好掌握……**

妈妈看了看时间，现在虽然才十点钟，但是下午还约了隔壁李阿姨一起逛街，时间也不知道来不来得及。

指针从十点慢慢走到了十二点，妈妈的第一版烤鱿鱼宣告失败。 望着锅里的一摊黑色，妈妈不禁有些后悔，早知道让小冰和小霜自己出去吃也不错。但是妈妈有着不服输的性格，加上她想起小冰刚才期盼的眼神，既然答应了孩子，就一定要做到！

另一边，到了饭点儿的小冰等得肚子咕咕直叫："妈妈，什么时候可以吃饭呀？"

"快了，快了！"妈妈在厨房里着急地回复，头上也落下了汗珠，心想，可真是要快点儿了。

然而越忙越乱，后面的几次尝试亦是以失败告终……为了防止制作失败特地多买的食材，眼看着都渐渐要用完了。

时间还在流逝，一点、两点……小冰觉得自己都快要饿晕了，但是妈妈的菜，还迟迟没有上桌的迹象。

不赶巧，门铃又响了。打开门，原来是邻居李阿姨。

李阿姨招呼妈妈："现在咱们一起去逛街呀？听说今天商场有周年大促销，好多商品都打折了，还有抽奖，据说最差奖品也是一箱牛奶呢，中奖率也特别高！"

"哎呀，今天是去不成了，给孩子做的食物还没做好。"妈妈有点儿难过地说。

"那你让孩子自己去美食节呗！"

"唉，这不是美食节的小吃不如自己做划算嘛！"妈妈虽然已经开始后悔，但是当着孩子的面，她还是故作淡定地笑了笑。

"那我就自己去啦！"李阿姨摆摆手。

对于没能和李阿姨一起上街，妈妈感觉很难过。特别是想到上周看好的裙子今天有可能打折，她的心简直在"滴血"！

但是更难过的还在后面……妈妈正在烤鱿鱼的时候，电话铃响了，接起来一听，居然是理发店打来的。

原来小冰的妈妈为了下周出差见客户，预约了常去的理发店做一个新造型。然而今天为了给小冰和小霜做小吃，她把这件事忘了个一干二净。

现在出门是来不及了，妈妈急忙问了问理发店后面

几天的档期，结果发现：**理发店有空档的时候她没有时间，她有空的时候理发店又排不上。**

电话那头那个甜美的女声非常有礼貌地一再道歉："下周我们已经约满了，连工作日都安排上了，真是十分抱歉！"

"唉，那算了吧！"妈妈悻悻地挂了电话，新裙子买不上，新发型也做不了，怎么事情都赶着一块儿来呢？

希望这一次的鱿鱼一定要做好啊！ 妈妈在心里暗自祈祷。

不料，现实往往是残酷的。有的时候，你最不愿意发生的事情偏偏最容易发生。终于，鱿鱼全部浪费在妈妈的手下了。

在这顿午饭即将变成晚饭的时候，妈妈终于从厨房里走出来，宣告放弃："没想到我花了这么久的时间，还是没能做成功。"

"所以我说嘛，妈妈，**咱们计算成本的时候，可不能只盯着用钱衡量的货币成本哟！**"姐姐小霜一边给妈妈倒了一杯水，一边接着说：

"你看，美食节上的小吃比起成本价虽然是多了一些，但是比起妈妈你自己做，**节省了你的时间，这些时间你可以用来做自己的事情。**

"因为要自己做小吃，你失去了和李阿姨一起交流感情、逛街购物的机会，也失去了为了给客户留下一个好印象而做发型的机会，**这**

个成本是无法用货币衡量的'机会成本'。

"有的时候，看不见的机会成本，往往比看得见的货币成本更高。

"更何况，算上你做菜浪费掉的食物，加起来的货币成本都远远不止去美食节吃小吃的钱啦！"

正说着，门铃又响了，邻居李阿姨已经回来了，开心地对妈妈说："你今天没去真是太可惜了！你看中的那条裙子，今天可是只卖六折呢！而且这次是商场的周年庆，中奖率特别高，我抽中了一等奖，得了一台烘干一体的洗衣机！"

李阿姨走后，姐姐小霜又笑着看向妈妈："看来这次的机会成本还得补上一台烘干一体的洗衣机呢。"

"快别说啦！"妈妈非常后悔，"再说下去你妈妈今晚就要睡不着觉了！唉，早知道这样，我就不应该只盯着看得见的成本了！"

小 知 识

机会成本：

指利用一定资源获得某种收益时，所放弃的利用这种资源获得另一种收益的机会的成本。例如一个小时的空闲时间，可以用来发传单，也可以用来听歌，如果你选择了听歌，那么发传单得到的钱就是听歌的机会成本。

应用场景

今天过生日，我收到了好多红包，加起来整整 1000 元！终于有钱去买我心仪很久的玩具了，真是太开心了！我把钱给了爸爸，让他替我去买，谁知爸爸提出了一个建议，他说可以将这 1000 元交给他买理财产品，半年为期，到时获得的收益会连同这 1000 元如数返给我。我陷入了两难，一边是玩具的快乐，一边是更多的存款，你们会怎么选择呢？

=1000 + ?

终于到周末了，可以和小明去打羽毛球了，但今天也是姥姥生日。妈妈说姥姥年纪大了，不适合吃太甜的食物，所以要全家一起给姥姥做个少糖的爱心蛋糕，我只好放弃了打羽毛球。晚上，一家人其乐融融地切蛋糕的时候，小明微信发来了今天打羽毛球的照片，我看着照片，又看了看姥姥幸福的笑脸，还是觉得选择做蛋糕而不去打羽毛球是值得的。

2. 如果我们只盯着可以节省的钱

免费的往往可能是最贵的

有了上次的教训，妈妈终于批准了姐妹俩的美食节计划。只是临走之前，妈妈千叮咛，万嘱咐，一定要挑一些干净的食材，千万别吃坏肚子。

"好好好！"一得到妈妈的应允，小冰就"嗖"的一声窜出了家门。姐姐小霜还没换好鞋子，小冰已经跨下一层多楼梯，就差插着翅膀上天了！

一路上，小冰拉着姐姐的手，哼着歌儿，小尾巴都要翘起来了，别提多开心了！

这次美食节，除了平时商场里常见的各种小吃纷纷加入，**还有很多平常见不到的商场外的小吃。比如，有小冰两个脸蛋儿大的烤鱿鱼，隔着好几米就可以闻到香味的烤串，杯子里插满各种各样甜品的冰激凌……**小冰看得眼睛都直了！

"小冰，快擦擦你的口水，都要滴到地上了！"姐姐小霜不禁笑着用胳膊戳了戳小冰。

美食节上的人可真多，行人比肩接踵，十分热闹。小冰淹没在人群里，几乎都快看不清有哪些小吃店了。

不过没关系，小冰虽然个子矮了点儿，头脑却十分机灵！看不清也没事，对逛美食节，小冰这个小"吃货"有两个她觉得超级有用的心得：一是找排队人多的，二是找看着好看的！

找排队人多的原因就不用多说啦，只要哪里人一多，就必然有它的理由：要么实惠，要么好吃，要么又实惠又好吃！看着好看的就更不用说啦，可以拍漂亮照片拿给同学看。试问哪个小朋友能抵挡得住被同学流着口水评论"真厉害"的诱惑呢？如果有人会酸酸地说"有什么了不起"，那更是证明了自己的照片惹人羡慕！

小冰在人群中左顾右盼，很快就物色好了"目标"——一家很多人排队的冰激凌店。这家店，就是标准的美食节金牌店。不光队伍很长，装修也非常好看！像彩虹一样柔和的配色，在烟火气很足的美食节中，就像特立独行的仙女一样。

　　摆出来的商品模型也和店铺相得益彰，彩虹色的螺旋冰激凌上面点缀着五颜六色的棉花糖和各种造型的饼干，还撒上了闪闪的钢珠巧克力。小冰心想：这么好看的冰激凌，肯定好吃！

每一位买到冰激凌的顾客，都会对着它"咔嚓咔嚓"一顿拍照，然后舔掉冰激凌的尖尖，幸福地闭上眼睛！

小冰羡慕地盯着那些人手里的冰激凌，心里想着，吃冰激凌是一份快乐，拍好看的冰激凌也是一份快乐，吃到冰激凌的尖尖又是一份快乐！

三倍的快乐！小冰决定给它起一个独特的名字——"三倍梦幻冰激凌"！可不就和梦里出现的冰激凌一样嘛！

姐姐小霜也看好这家冰激凌店，用手机上网搜索了一下，发现评价都相当好，于是准备和小冰一起加入排队的人群。就在这时，前面忽然出现了一条更长的队伍，人数看上去是这家冰激凌店的三四倍！

小冰好奇地探出头，难道还有比这家冰激凌更厉害的东西吗？

还真有！原来前面那家店在免费派发点心！

"姐姐，姐姐，那家免费发点心哎！我们也去排队吧！"小冰掐指一算，冰激凌诚可贵，免费价更高，还是免费的更吸引人！她立刻拉着姐姐小霜的手钻进了人群。

"小冰！你等等！"

"姐姐，你赶紧来呀！"

姐姐原本打算劝阻小冰，但是小冰头也不回地冲了过去。拗不过她兴冲冲的劲头儿，小霜只能任由小冰带着，一路冲到了免费派发的队伍里。

这条队伍可太长了！小霜一边叹气，一边默默扶住了额头，抱着最后的希望试图说服小冰："小冰，这家队可能会排很久，这样可能会错过买冰激凌哟！"

时间成本

12.00 M:S   08.00 M:S   08.00 M:S

赠 ¥2

¥5

💡 想一想

如果有三家店，其中一家需要排队一个小时，可以吃到价值为 12 元的东西；另外两家分别排队半个小时，可以吃到价值都是 8 元的东西，你会怎么选择呢？

这个问题可能对你来说很简单，那么，如果 12 元的那家店铺赠送 2 元的食物，你会怎么做？赠送 5 元的食物，你又会怎么做呢？

"可是它是免费的呀！"对于小冰这个"守财奴"而言，免费还是更有诱惑力。

姐姐不忍心打击小冰的兴致，又担心人太多会走散，只能和小冰在长长的队伍里一起排起队来。

排呀排，半个小时过去了，队伍仍然前进得很缓慢。

眼看着有些热门的摊位因为原料不够而进入打烊倒计时，小冰终于意识到了问题的严重性，开始着急起来。

但是已经排了这么久的队，小冰觉得这个时候退出，实在可惜。思来想去，她还是觉得免费的点心更划算，而且万一排完队，别的店还有剩余呢？

所以她决定还是留在队伍里。

终于，就在小冰前面还有三四个人的时候，她第一眼相中的梦幻冰激凌店因为生意太过火爆而正式宣布提前打烊。

梦幻冰激凌

售罄

售罄

25

小冰一下子就不开心了，看到因为排免费的点心导致自己的"神仙"店铺关门，顿时非常后悔。

　　而让她更加后悔的是，她的同桌丝丝正好拿着一杯**三倍梦幻冰激凌**走了过来，好巧不巧和小冰打了个照面。小冰看着她吃得津津有味的样子，心里像被一百只猫爪在挠，急忙拽住她问："丝丝，你手里拿的这个，好吃吗？"

"可好吃了！"丝丝带着吃到美食的幸福笑容，颇为得意地说，"这是我吃过的最好吃的冰激凌！小冰，要不要来一口？不过只能吃一口啊，这是他们店里的最后一个了，你吃太多了我可就没了，我会舍不得的！"

嘴上这么说着，丝丝小心翼翼地挖了一小勺冰激凌递给了小冰。

小冰尝了一口丝丝的冰激凌，感觉像一只七彩的独角兽在嘴里跳舞！薄荷味和草莓味搭配奶油做融合剂，酸酸甜甜又清清凉凉，和棉花糖一起融化在嘴里，真的像梦里才有的冰激凌！

"啊，太好吃了！"光是这一口，小冰都要幸福得哭出来了，怪不得吃到的人都一脸满足！

终于，长长的队伍轮到了小冰。小冰这才发现，店里免费赠送的是一块抹茶味的团子，而且必须要再点一杯饮料才可以获得。

虽然团子吃起来也不错，但是比起"三倍梦幻冰激凌"真是差太多了。**沈小冰越想越气，一张脸瞬间垮了下来，手里咬了一半的团子也索然无味了。**

姐姐见到她这副样子，摸了摸她的头说：

"小冰，其实这也不怪你，免费的东西不拿白不拿，这是大多数人都会有的心理。

"但是，你要记得，天下没有免费的午餐。**有的时候，免费的反而是最贵的。因为免费的东西往往会花费你的时间。**

"免费领取的东西，往往就是利用人们想要省钱的心理，吸引人们排队来领取免费名额。

"同时在这个过程中，会给其他人造成'这家店很火'的印象，商家就利用'免费'活动，没花一分钱就做了一次广告。

"所以，如果我们一心想因为免费而省钱，就会像今天这样，既给店家打了广告，又浪费了排队时间，算下来反而付出得更多。"

小冰若有所思地点点头，以后可不能再盯着免费的东西省钱了。

小 知 识

货币成本：

货币成本是指顾客购买和使用产品所付出的直接成本和间接成本，主要是用货币形式呈现。

非货币成本：

不能用货币形式表现的成本，包括付出的时间、精力，甚至为此付出的情绪。

应用场景

= 时间 ＋ 精力

　　母亲节这天，我和姐姐都为妈妈准备了礼物。我用攒了很久的零花钱给妈妈买了一套护肤品，姐姐则是给妈妈缝了一个手工钱包。奇怪的是，妈妈明显更喜欢姐姐的礼物，爱不释手。我实在不理解，明明我的礼物更贵啊！后来妈妈解释说："礼物不是只看价格高低的，你看这个钱包，一定花费了姐姐不少时间和精力，还缝上了妈妈最喜欢的猫猫图案呢！"

= 50 元

累！

= 10 元

不累！

　　暑假里，爸爸制定了"家庭劳动报酬表"，每一项劳动都标明了可以获得的收益，家庭成员每人可选其中一项。我比较纠结：一个是擦地板，每次可获得 50 元；一个是饭后收餐具，每次可获得 10 元。因为这背后涉及时间成本和精力成本，擦地板能得到更多的报酬，但同时它也耗费更多的时间和体力；收餐具比较轻松，但报酬也相对较少。

3. 如果我们只盯着已经花掉的钱

不要让沉没成本影响我们的决策

虽然最喜欢的"三倍梦幻冰激凌"没了，但是美食节里还是有很多其他好吃的。姐妹俩边逛边吃，逛着，吃着，**小冰的肚子也渐渐饱了。**

在小冰拿着一杯果汁走了十几分钟还没喝下一口的时候，姐姐发现小冰的食物战斗力已经无限接近零，便对她说："小冰，今天你已经吃了挺多东西啦，要不我们就回去吧！"

小冰刚想说"好"，一转头看到了对面的超大烤鱿鱼。顾客一个接一个捧着刚烤出来的鱿鱼，

一个鱿鱼有小冰两个脸蛋儿大，在灯光的照耀下泛着诱人的油光。

"姐姐，我想……"

"不，你不想！"察觉到妹妹的眼神，小霜决定"先下嘴为强"，果断拒绝了小冰的请求。

"可是……真的看起来好好吃……"小冰开始用恳求的眼光向姐姐撒娇。

姐姐一瞬间有点儿心软了，但是想到小冰今天晚上的食量，还是狠下心，正了正神色，认真地说："小冰，你真的不能再多吃了，再吃你肯定会消化不良，晚上会撑得睡不着觉。而且你刚刚吃过一个冰激凌，现在如果又吃这么油腻的，很容易拉肚子。"

"再吃一个！最后一个！"小冰还是放不下，拽着姐姐的手，眼巴巴地看着大鱿鱼。

"你要吃的话，那姐姐可不给你买。你自己买！"小霜见说不动小冰，干脆采取"釜底抽薪"的计谋，也板起了脸。

"自己买就自己买！谁还没点儿零花钱？"说着，小冰傲娇地一扭头，一溜烟跑了过去。

想一想

面对一个有点儿贵，但是自己特别想要的物品，你会买下它吗？

如果它并不是必需品，你的答案还是一样吗？

虽然嘴上很硬气，但是烤大鱿鱼的价格对于小冰这样的小朋友来讲，也算是一笔"巨款"了。要想自己的肚子鼓起来，钱包就要瘪下去。想想还真是有点儿心疼。

所以当小冰拿到滋滋作响的大鱿鱼的时候，**她在心里暗暗发誓，一定要一口不落地全都吃进肚子里！** 这可是以她和姐姐赌气为代价换来的！

这么想着，小冰大大地咬了一口鱿鱼，嗯……酥脆多汁，真香啊！

然而刚吃了两三口，小冰嘴瘾还没过完，肚子就先投了降——真是一口都吃不下了。 她的肚子开始隐隐作痛起来。

这时候，姐姐小霜也走了过来。她看着小冰嚼着大鱿鱼却半天不咽下去的样子，有点儿担心，便关切地说道："小冰，你要是实在吃不完，就不要勉强啦。可以把它分给姐姐或者带回去给妈妈，不然可能真的要拉一晚上肚子了。"

　　小冰虽然觉得姐姐的话有些道理，但是转念想到自己花出去的钱，她感觉到心又痛了一下。反正肚子已经有点儿疼了，不能再让心疼了，于是她坚决地拒绝了："没关系，姐姐，我可以！**你妹妹可是学校里出了名的'大胃王'！**"

　　说着，她还扯着嘴角对姐姐露出了一个大大的笑脸。

好吧……小霜看着小冰故作镇静的表情，以及比哭还难看的笑脸，觉得自己再说下去也无济于事，只能担心地看着小冰一点儿一点儿地"磨"鱿鱼。

终于等小冰吃完了鱿鱼，她们俩打算一起回家了。

回家的路上，落日映晚霞，夏日傍晚特有的熏风习习，吹得人舒舒爽爽的。

在大部分逛完美食节回家的人看来，这是个温柔的夏夜。但是这风吹到小冰身上，却像刀子一样，对小冰的肠胃"风霜刀剑严相逼"。

姐妹俩刚走到半路，小冰的肚子就开始了翻江倒海，那叫一个疼！**就好像有刀在搅小冰的肚子一样，疼得她五官都绞在了一起。**

看到小冰如此表情，姐姐小霜慌忙在路边寻找厕所。

好不容易找到了一处公厕，小冰风一般地冲了进去。

然而小冰进去了好一会儿，还是不见出来，小霜有点儿着急了。

她进去一看，发现小冰正靠在公共厕所的隔间板上，已经上吐下泻了好一阵，连站都快站不起来了。

小霜立刻背起小冰，打了辆出租车去了医院。

刚踏进医院大门，小冰又去了趟厕所，这一遭儿和在公厕里的情况差不了多少，她觉得自己的胃像是被清理过一遍，整个人都快要脱水了。

好不容易坐在了医生的桌前，小冰的脸已经苦得要哭出来了。连医生都吓了一跳，赶忙问道："突然就开始拉肚子，是不是吃了什么不容易消化的东西？"

"有的，有的。我们今天去了美食节，吃了很多东西。在已经吃了很多东西的情况下，我妹妹不听我的劝，又吃了一个像她两个脸蛋儿那么大的烤鱿鱼。"

"嚯，那是太多了。这个烤鱿鱼听起来就比较油腻，确实是不容易消化的东西。"医生对沈小冰的饭量吃了一惊，"看你妹妹的症状呢，是很明显的急性肠胃炎。估计你们在美食节上吃得很多又很杂，肠胃炎主要是因吃了太多的东西，肠胃消化不良而引起的。"

小冰想起了自己最后吃的大鱿鱼，又油又大，听医生的意思，这条大鱿鱼似乎是压死骆驼的最后一根稻草，她的脸一下子更苦了！早知道就听姐姐的话了……小冰带着哭腔问医生："那我要是最后不吃完那条大鱿鱼，是不是就不会肚子疼了？"

"虽然不能保证你肯定不会肚子疼，但是情况肯定会比现在好很多，不用吃药，可能休息一夜就好了。现在因为你吃了鱿鱼，大大加重了你肠胃炎的严重程度！你不仅要在医院吊两个小时的点滴，吃苦苦的药，而且接下来一个星期都不能吃零食了哟！"

"我太难了！"小冰在座椅上默默地流泪。

接到姐姐的电话，妈妈第一时间赶到了医院。

终于吊完了两个小时的点滴，小冰的腹泻止住了。不过她的肚子还是会时不时地咕噜一下，带着一丝不重但是很有存在感的痛。

回去的路上，小冰垂头丧气地走在后面。姐姐看着妹妹无精打采的样子，拍了拍她的头："别难过啦。"

"我只是觉得那条大鱿鱼好贵，我自己花了零花钱好心疼，不想浪费掉，所以吃完了它。"小冰嘟着嘴，一脸委屈。

"哈哈，我很能理解小冰的想法。但是，小冰，你知道吗，**经济学上有个词叫'沉没成本'，意思是过去发生的成本。这个成本有个特点，就是它不会影响现在的状态。就像你花出去的买大鱿鱼的钱，当钱放到店家手里的时候，这笔钱就成了过去时。而且这个时候无论你对鱿鱼做什么，这笔钱都不会再回来了。**

"既然无论怎么做钱都不会再回来，那当然是要采取让你最舒服的方式吃掉这条鱿鱼啦！所以觉得肚子不舒服的时候，就不要因为心疼'沉没成本'而勉强自己吃下去！"

小冰若有所思地点点头。

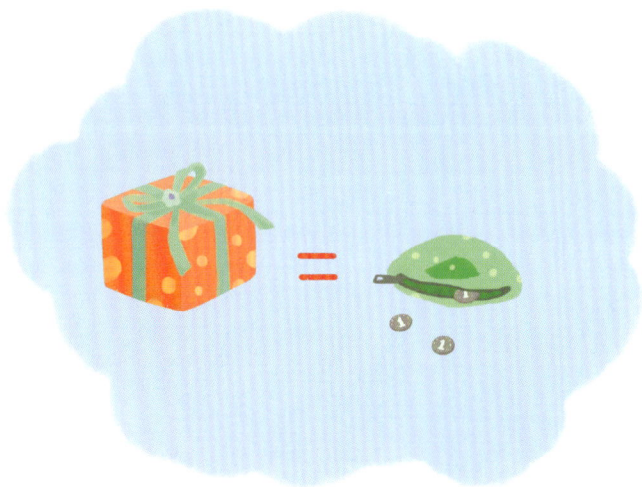

到了家里，妈妈也因为小冰乱吃东西导致患急性肠胃炎的事情，勒令她以后不准再出去吃零食，还扣押了她一部分零花钱。

晚上，小冰因为肚子隐隐作痛，在床上翻来覆去睡不着。她又想起了回家的时候姐姐对她说的话，心痛和肚子痛一起袭来，不禁叹了口气："唉，以后我再也不只盯着'沉没成本'了。"

小知识

沉没成本：

已经付出且不可收回的成本，即以往发生的，但与当前决策无关的费用。从决策的角度，所要考虑的是未来可能发生的费用及所带来的收益，而不考虑以往发生的费用。沉没成本常用来和可变成本作比较，可变成本可以被改变，而沉没成本则不能被改变。

可变成本：

指支付给各种变动生产要素的费用，如购买原材料的费用、水电费和工人工资等。这种成本随产量的变化而变化，常常在实际生产过程开始后才需支付。

应用场景

周六上午，我和好友约好去上书法课，因为距离不远，我们还是像以往一样走着去。半路，我突然身体不舒服，好友提议打车过去，既舒服，又节省时间，早到了还能休息一会儿。可我坚持继续走，都走了一大半了，现在打车，前面的路就白走了，钱也花得不值得。好友只好陪着我继续走。结果我们迟到了，我心生愧疚：还不如半路打车呢，这下不只耽误了自己的时间，还耽误了别人的时间。

我是班里的"数学王"，不管大考还是小考，数学成绩都是班里的第一名。可这次测试，我却"马失前蹄"了。在最后的两道加分题里，我先做了一道比较难的，算了一半，有点儿吃力。在犹豫先做下一道简单的加分题还是继续琢磨眼前这道难题之间，我选择了继续，要不然之前的努力都白费了。结果直到下课铃响了，我也没有算出来，而且也没有时间再做下一道相对简单的题了。

孩子看得懂的经济学

到底什么是
"好东西"？

唐鹏鸣 / 著
小井井 / 绘

海豚出版社
DOLPHIN BOOKS
中国国际传播集团

图书在版编目（ＣＩＰ）数据

孩子看得懂的经济学 . 到底什么是"好东西"？ /
唐鹏鸣著 ; 小井井绘 . -- 北京 : 海豚出版社 , 2022.6
ISBN 978-7-5110-6002-0

Ⅰ.①孩… Ⅱ.①唐… ②小… Ⅲ.①经济学 – 少儿
读物 Ⅳ.① F0-49

中国版本图书馆 CIP 数据核字（2022）第 096015 号

孩子看得懂的经济学　到底什么是"好东西"？

唐鹏鸣　著　小井井　绘

出 版 人	王　磊	
出　品	丁俊松	
统　筹	郑海波	
策　划	田鑫鑫	
责任编辑	梅秋慧　潘金月	
特约编辑	潘惠同　董晓雪　吕思思	
封面设计	扁　舟　尚丽俐	
装帧设计	杨西霞	
责任印制	于浩杰　蔡　丽	
法律顾问	中咨律师事务所　殷斌律师	
出　版	海豚出版社	
地　址	北京市西城区百万庄大街 24 号	
邮　编	100037	
电　话	010-68325006（销售）　010-68996147（总编室）	
印　刷	北京盛通印刷股份有限公司	
经　销	新华书店及网络书店	
开　本	720mm×1000mm　1/16	
印　张	23.5（全八册）	
字　数	240 千字（全八册）	
印　数	20000	
版　次	2022 年 6 月第 1 版　2022 年 6 月第 1 次印刷	
标准书号	ISBN 978-7-5110-6002-0	
定　价	200.00 元（全八册）	
版　权	daly.ding@chinamediatime.com	

序 言

　　《孩子看得懂的经济学》是一套别出心裁的面向儿童的经济学科普读物。这套书从读者同龄人的视角出发，用贴近儿童生活的生动案例，以图文并茂的形式为读者打开了经济学世界的大门。这套书的定位是儿童读物，但其内容涉及经济学的诸多基础理论，比如厂商理论、消费者理论、外部性、信息不对称等。

　　许多家长可能会有疑问，孩子有必要这么早就接触经济学理论吗？答案是——很有必要。让孩子更早地了解和认识经济学，并不是要让他们学会"斤斤计较"，而是要让他们尝试去思考支配着人们的经济行为背后的逻辑。现代社会的经济活动高度复杂，每个个体都通过经济这张网络紧密地相互联结在一起。用恰当的方式让孩子接触和领会经济学原理，能够为孩子提供一个认识经济、认识社会，最终认识自己行为的思维起点。

　　更重要的是，要让孩子逐渐理解他（她）所做的每一个选择都有相应的收益和成本。成长的过程就是孩子逐渐发现自己的"目标函数"的过程，即从其所关切的目标出发，然后赋予每个选择所对应的"收益"与"成本"的过程。如果孩子具备一些经济学思维，他（她）在确立自己的人生目标之后，就更可能"理性"地去选择最能实现其人生价值的成长道路。

　　最后，我诚挚地向大家推荐这套优秀的经济学科普读物，相信不会令读者失望。

厦门大学经济学院、王亚南经济研究院助理教授

高岭

目 录

沈小冰的同学间流行起一种

"集卡"游戏，

越稀少的卡片，

同学们就越想用更多的东西去交换……

1. 更稀有的东西一定是"好东西"吗？

物品承载的个人价值并不完全客观

愉快的暑假还是过去了，沈小冰又重启了学校生活。

开学没几个星期，年级里突然流行起了一阵集卡狂潮，无论男生女生都投入其中。 这种人人为之痴迷的卡片可谓完全戳中了小朋友的兴趣点，漂亮的卡片正面印有人物的等级和能力，背面还有故事和解谜剧情，如果都可以破译出来，就能拼出一个完整的故事。

一时间，无论你在学校的哪个角落，都可以看到一堆学生拿着一沓卡片互相比画。**如果谁手里的卡片比别人的厚很多，还能收获周围人的一片赞叹。**

学校门口的小商店自然不会错过这种火热的集卡游戏，经常几箱几箱地往店里进货，但是每次刚上架，就被哄抢一空。

原来，这种卡片的外包装是不透明的，在拆开之前，你并不知道里面有着怎样的"惊喜"在等你。

也就是说，打开包装，你得到的可能会是金光闪闪而且有特殊或者重要情节的卡片，但也可能只是比较普通的卡片，上面的故事你已经看过好几遍了。

而且，不同的卡片，在每一包里出现的可能性也并不一样。比较普通的卡片，通常每包里面都会有几张，大家已经见怪不怪了。但是非常难以见到的卡片，就需要"看脸"，运气好的同学有拆开一次就中的，也有运气不太好的同学，听说拆开了几十包也不见稀有卡的踪影。

最新
流行

想一想 ⋯⋯⋯⋯⋯⋯⋯⋯⋯⋯⋯⋯⋯⋯⋯⋯⋯⋯⋯⋯⋯⋯⋯⋯⋯⋯⋯⋯

　　假如有两个袋子，其中一个袋子里有 3 个红苹果和 7 个青苹果，另一个袋子里有 5 个红苹果和 5 个青苹果，你希望最好一次就可以从袋子里拿到红苹果，你会选哪个袋子呢？

　　这个问题可能对你来说很简单，那么看看下面这个：

　　如果每个盒子里有 10 张卡片，其中有一种是每 100 张卡片里才会出现一次的稀有卡片，理论上打开几盒就可以拿到呢？

不过也正因为这样的设计，买卡片多的同学手上就会有很多重复的卡片，一些同学就开始拿着那种不算特别稀有，但是也需要费点儿力气才能集到的卡片进行交换。

一开始，大家会拿着稀有程度差不多的卡片进行交换。后来，一些同学手上的卡片实在是太多了，而他需要的卡片其他同学又没有，于是交换的范围更进一步扩大。

越是稀有的卡片，要的同学就越多。要的同学越多，这卡片就显得更稀有、更抢手，同学拿来交换的东西也就越新奇好玩儿： 从较为平常的铅笔、橡皮，到大家都热烈追捧的故事书，甚至到了游戏机一周的使用权。

所以，自从交换范围变大了，加入的同学就越来越多了！这段时间，只要班上有同学买了卡片，就会有人凑上去，看看他开出的卡片是什么图案。

如果开出的是稍微稀有点儿的卡，而这个同学又刚好不需要，就会被传遍整个年级！就算要交换，也要排队呢！

因此，班级里拥有卡片最多的人，就能够经常得到一些新奇的小玩具，可风光了！

小冰的后桌阿宽就是其中一例！

当然啦，这么好玩儿的卡片游戏，沈小冰肯定不会错过！所以她总盯着阿宽手里的卡片，看有没有自己想要的。

这天，阿宽在后排拆开一包卡，正好拆出来两张对他来说多余的卡。小冰一看，这多余的两张卡正好自己都没有，于是立刻拿着自己刚买的橡皮凑了上去。

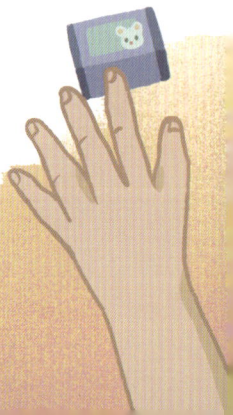

橡皮虽然算不上特别稀奇，但是这块儿可不一样，这是一种解压橡皮。橡皮被做成汉堡的样子，非常逼真，捏起来软软的，还会发出"咯吱咯吱"的声音。在因为作业焦头烂额的时候捏一捏，一下子就有了继续做题的动力！所以这种橡皮在同学之间也颇受欢迎。

小冰为了搞到这块儿橡皮，可费了好一番功夫，在商店整整"蹲守"了一个星期！

对于小冰拿出这块儿解压橡皮来交换一张卡片，阿宽自然是一百个欢迎。于是他爽快地拿出了自己多出来的两张卡片！

说来也巧，这两张卡片，一张是比较稀有的，另一张稀有度虽不如前面那张，但是偏偏非常好看，小冰看到它的第一眼就被迷住了！缤纷的渐变色背景配上亮色花纸，在阳光下闪闪发光。小冰拿着这张卡片来回摩挲，上上下下看了好几遍！

这个贵啊！
贵贵贵

这个好看！
好看好看好看

回本！
我不能白送橡皮！

心头好！
我更喜欢这个！

而另一张稀有度更高的卡片，和这张卡片比起来，上面的图案就逊色了很多，只是故事更有趣。

这下小冰可犯起了难：一边是自己"一见钟情"的普通卡，一边是"内涵丰富"却"相貌平平"的稀有卡，这可怎么选？

小冰的纠结连阿宽都看出来了。他看了看这两张卡，对小冰说："这张卡片虽然没有那张卡片稀有，但是因为好看，好多同学都很喜欢，抢手程度一点儿也不亚于那张。"一边说着，一边还颇为老派地拍拍小冰的肩膀，"入手吧，不亏！"

然而，听了阿宽的话，小冰非但没能更快速地做出决断，反而更加纠结了！

一边是自己喜欢的，一边是更"贵"的，而用来交换的橡皮，考虑到自己蹲点一周所付出的精力，也算得上"价值不菲"了。无论如何，小冰肯定要换个"更值"的。阿宽这么说完后，小冰反而没法判断哪个更值了！

思来想去，小冰还是觉得买"贵"的，不买对的，最终挑了那张更加稀有的卡片。

只是，在拿走那张稀有卡片之前，小冰对着那张漂亮卡片可谓依依不舍，像是道别一般，摸了好几下。

本来事情就这么过去了。但是好巧不巧，小冰去上个厕所的工夫，另一张卡片就被阿宽换给了小冰的同桌丝丝。

丝丝也非常喜欢这张虽然稀有度不高，但是卡面却非常精致的卡片， 她时不时就拿出来欣赏一下，还拿着这张卡片在小冰面前晃。小冰看得又酸又羡慕，还要附和着丝丝说"真好看"，**一来二去，原本小冰很快就能忘记的这张漂亮卡片，都快成了她的一个心结了！**

小冰也试图和丝丝提出过交换卡片的事情，结果被丝丝一口回绝！

晚上回到家，小冰和姐姐打电话说了这件事情，委屈地诉苦："虽然我觉得换更稀有的那张更划算，但是我真的好喜欢那张更好看的啊！"

姐姐小霜在电话那头听到了，对妹妹说道："小冰呀，其实物品在人们心中的价值，并不是完全由客观的价值决定的，它有个人主观决定的部分。比如我们家里的一张全家福，对于照相馆的人来说，可能只是一张普通的相片，可对于我们来说，却是重要的纪念。

"所以，虽然那张稀有的卡片更贵，但是对小冰你来说，价值未必比那张你喜欢的卡片更高。"

小冰说："唉，我现在好后悔，要是早点儿知道，我就不会选另外那张卡片了，现在丝丝也不答应换给我，真是太亏了！"

"下次记得挑自己喜欢的就好啦，卡片嘛，以后总有办法抽到或者换到的。"姐姐安慰小冰。

"呜呜呜，下次我一定挑自己喜欢的！"小冰笃定地说。

客观价值：

　　指一件商品耗费的材料、劳动等可衡量的价值，属于一个相对稳定的价格。

主观价值：

　　指一件商品在购买者心中的价值，仅取决于购买者的个人意愿。购买者认为某件商品很值钱，那么这件商品就有很高的主观价值，反之亦然。

应用场景

参观完动物园，我和同学们又来到了纪念品商店。里面的小商品琳琅满目，我挑了半天，最后选中了一个小鸟镶边的相框，我想着正好把我们新拍的全家福放进去，摆在我的书桌上。付钱的时候，同桌凑过来，问我为什么不买大家都选中的毛绒玩具，而要买一个这么便宜的相框，我笑了笑，说："对我而言，它可是很'贵'的！"

VS

姥姥旅游回来，买了许多手工挂坠，既精致又便宜，我选了两个好看的挂在了书包上。第二天上学的时候，小红看到了，竟然出高价要买那个粉色的挂坠，她说她妈妈最喜欢粉色了，想要买回去，作为生日礼物送给妈妈。我跟她说这个挂坠很便宜，不用那么多钱，她还是执意塞了钱就走了。我拿着50元钱，心想：这能买好几个了……

普通饰品 10元　　妈妈喜欢 50元

2. 更贵的东西一定是"好东西"吗?
通过边际效用来进行决策

如果说抽卡片也靠运气,那么沈小冰可能是最近几天"在梦里拯救了一整个银河系"。

刚开始,小冰只是在每次打开卡包的时候总会发现几张稀有卡片,后来不仅每次都有几张稀有卡片,里面居然还有平时最难抽到的卡片。

今天,小冰又在教室里打开一包卡,这一次,可算是达到了运气的巅峰。不拆开不知道,一拆开吓一跳!**她不仅抽到了最稀有的那张,还一次抽到了两张!**

这可是"卡片之王"阿宽都没有过的啊!

"沈小冰开出了两张稀有卡!两张!"

这个消息像插了翅膀一般,在班级同学里转了个圈,又飞向了年级的各个角落。

这下小冰可在年级里出了名。

只要一下课，小冰的桌前就会迅速地围起一大圈人，大家都迫不及待地想看看最稀有的卡片长啥样。一开始，过来看的同学还都是小冰班里的，后来，整个年级的同学都陆陆续续地过来围观传说中的稀有卡。

　　还有一些关系要好的同学，摸摸小冰的胳膊来蹭蹭"运气"，希望能分到小冰的一点儿好运，下次自己可以多抽几张稀有卡。

　　刚开始，小冰还非常兴奋地给其他同学展示自己的卡片，到后来，随着围观的人一波一波地来，她也变得有些麻木了。总之，这次抽卡，让沈小冰着实"风光"了几天。

很多嗅觉灵敏、

行动力强的同学，**在得**

知小冰有两张稀有卡之后，更是

一早拿来了各种各样新奇、好玩儿的

东西找小冰交换。 这个队伍甚至排到了教室隔壁

和隔壁的隔壁，交换的东西也从很早就绝版的故事书到近期最流行的

游戏机使用权，不一而足。

小冰的受欢迎程度一时间远远超过了后桌的"卡片之王"阿宽，

似乎年级里所有的同学都在关心那两张稀有卡的最终去向。看到小冰

桌前来来往往的同学，阿宽不禁酸溜溜地说："我都没见过这种阵势。"

"那我可更要好好挑一挑了！"小冰听着阿宽酸溜溜的话语，心里

更加得意了！**她一边说着，一边下定决心一定要找到一个**

最最最值得的东西才交换。

但是，到底什么东西最值得交换呢？

小冰觉得自己简直挑花了眼，她把同学们拿来交换的东西列了一张表，有空的时候就拿出来看看。看着看着，她反而更纠结了，觉得这样也差一些，那样也差一点儿，一时半会儿竟然还真想不到应该选什么。

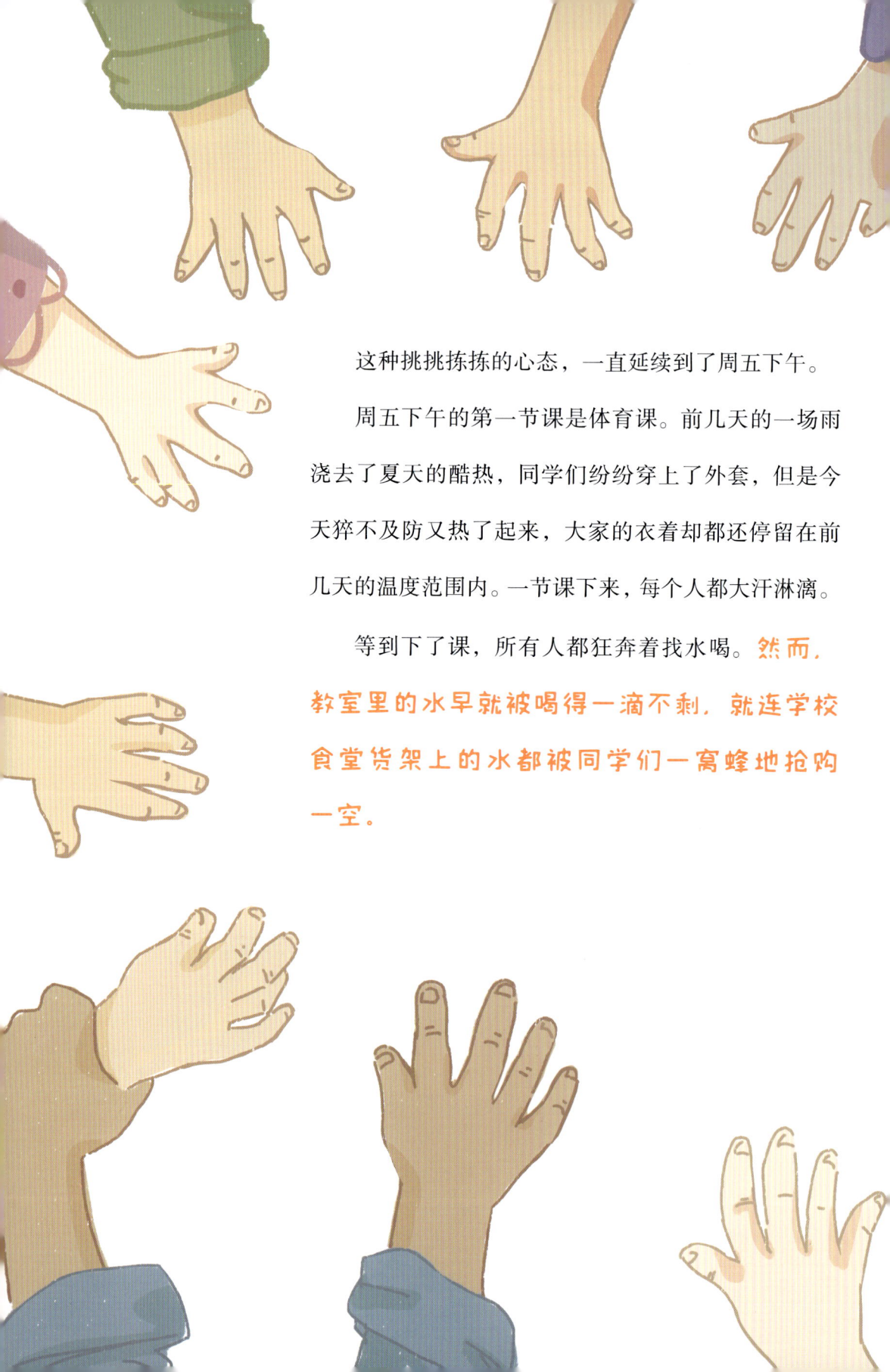

这种挑挑拣拣的心态，一直延续到了周五下午。

周五下午的第一节课是体育课。前几天的一场雨浇去了夏天的酷热，同学们纷纷穿上了外套，但是今天猝不及防又热了起来，大家的衣着却都还停留在前几天的温度范围内。一节课下来，每个人都大汗淋漓。

等到下了课，所有人都狂奔着找水喝。然而，教室里的水早就被喝得一滴不剩，就连学校食堂货架上的水都被同学们一窝蜂地抢购一空。

小冰知道自己跑得不快，抢不过别人，所以一下课就直接跑向小卖部，结果没料到小卖部里早就站满了人。混在人群里的小冰只看得到黑黝黝的后脑勺，每个人都像故意和她作对似的，阻止她走向买水的路。一番"搏斗"下来，她只感觉自己像被人打了一顿，**本来就渴得冒烟儿的嗓子简直是干成了"撒哈拉大沙漠"。唯独不变的是，连瓶水的影子都没见着。**

今日特供
冰　水
橘子汽水

"抢水"失败的小冰垂头丧气地回到座位，不禁哀嚎："真的好渴啊！"

阿宽听到小冰的"哀嚎"，戳戳她的胳膊："小冰，你这几天不是开了好几张稀有卡片嘛，要不要试试换瓶水呢！"

小冰一听，感觉心头一亮！但是她转念一想，大家都因为要抢水快打起来了，怎么可能会用得来不易的水换卡片呢。

"你有那张最稀有的卡片呀，来换水试试呗？"阿宽这样提议。

于是小冰在班级里叫起来："谁有多余的水啊？我愿意用自己的稀有卡换！"

想一想 --

如果在平时，你愿意用100元换1瓶水吗？为什么？

那如果你在沙漠里走了很久很久，快要渴死了，这时你愿意用100元换1瓶水吗？

听到小冰的话，大家都不由得兴奋起来——用水换稀有卡，这可是相当划算的买卖。

但是同时，又没有一个人有所行动。**虽然同学们都很想帮助小冰，但是大家也都没水了。**

因此，小冰的喊话可谓一颗石子落入水里，开始激起了挺大的水花，但是因为没有一个人出现，渐渐平静下来。

见此情景，小冰不禁有点儿失望，默默地趴在了桌子上。

这时，丝丝从外面回到了座位上，看到小冰垂头丧气的样子，关心地问道："发生什么事了？"

"我想去买水喝，可是完全买不到呢。"小冰垮起了脸，撇着嘴说道。

"哎呀，你早说嘛。"丝丝拿出一个水瓶，"小冰，你要不要喝呀？虽然我这里只剩下半瓶水了，不知道你够不够。"

"要！当然要！不过丝丝你够喝吗？"**小冰看到水，眼睛都要放出绿光了，但是她想到刚刚的场景，又担心丝丝没有水喝。**

"哈哈哈，那我肯定是会渴的啦，不过我已经喝过了，而且我觉得你比我更需要这半瓶水。而且下节课上完就要放学啦，我就可以回家喝水了。"

"丝丝，你可太好了！"小冰十分感动，于是抽出了稀有卡递给了丝丝。

"小冰，你这是什么意思？"错过了刚刚骚动的丝丝有点儿错愕。

"刚刚我在班上说，谁给我水，我就给谁稀有卡，这就是遵守诺言啦！好丝丝，你先把水给我吧，我都要渴死了！"**在此刻的小冰眼里，什么稀有卡啊、游戏机啊都不重要了，她只想要丝丝手里的这瓶水。**

"别说那么多了，你快喝吧！"丝丝把水给了小冰，一边还温柔地叮嘱她，"喝慢点儿，不然会肚子疼哟。"

小冰"咕嘟咕嘟"地喝完半瓶水，觉得自己重获了生机一般。而丝丝对这无心插柳得来的"意外之喜"，也是十分开心。

不过现在被眼红的人变成了丝丝，用半瓶水换一张稀有卡，这可以说得上是前所未有的"大甩卖"了！

阿宽拍了拍小冰，说："小冰，你就这样把稀有卡给了丝丝，不觉得有点儿亏吗？"

小冰想了想，从价值上看，自己似乎确实有点儿亏。但是看着丝丝的这瓶水，小冰的心里却没有一丝"亏本"的念头，还充满了感激之情。

回到家，妈妈注意到小冰今天心情很好，便问她发生了什么有趣的事情。

小冰就把今天的事情告诉了妈妈，又问道："为什么我做了'亏本'的交换，还是这么开心呢？"

妈妈听后笑着说："妈妈记得你姐姐曾经给我讲过一个概念，叫'边际效用'，就是你每换来一个东西带给你的满足。

"小冰，你也知道，钻石的价格是很贵的。但是面对一个在沙漠里一天没喝到水的人，你就算给他一千颗大钻石，对他来说也不如一瓶水带给他的边际效用大。

"所以，你也不用觉得自己作出了这个决定是亏了，因为当时对于你来说，一瓶水就是比游戏机更'值'呀！

"更何况，丝丝是把自己的水省下来给了你，这份

情谊虽然无形，却是十分珍贵的。"

最大值

小知识

效用：

对消费者通过消费而满足欲望的程度的度量。

边际效用：

指每新增（或减少）一个单位的商品或者服务，它对商品或服务的收益增加（或减少）的效用。

应用场景

周末天气好，我们决定去爬山。出发前，我们做足了心理准备，还特意穿了舒适的运动衣、登山鞋。唯一的失误，是没有带够"战略物资"。山路很陡，凹凸不平，有的地方还需要借助锁链往上爬。

不一会儿，我们就又渴又饿了。爬到半山腰的时候，终于看见有卖方便面的摊位，还能提供热水。我们立刻买了两桶，就算花了30元都值，我觉得那是全世界最好吃的方便面。

最近上映了一部很火的电影，我兴奋极了，上映当天正好爸爸有空，我立刻拉着爸爸带我去看了，真的太精彩了，不愧是万众期待的电影。第二天，同桌邀请我一起去看，我一口答应了，想着这么精彩的剧情，再看一遍也无妨。谁知第三天，又有同学邀我去看，我没好意思拒绝，但观影过程中，我发现自己已经没有头两次的兴奋劲儿了。

3. "好东西"一定永远是好东西吗？
对商品的需求程度随着时间推移会减弱

随着稀有卡风波过去，沈小冰的抽卡运气也回归了平常。偶尔有人问起那张稀有卡的去向，得知小冰给了丝丝一张之后，也只是感叹一句"丝丝运气真好"。

但是阿宽因为这件事受到了点儿刺激。

本来阿宽在班上有着"卡片之王"的称号，大部分同学如有想要换的卡片，第一反应就是找阿宽问问有没有。但是因为小冰之前抽卡运气爆表，一时间，所有人的目光都集中到了小冰的身上，这让阿宽颇感落寞。

尤其是小冰还拥有他没有的稀有卡，这更加激起了阿宽的好胜心。他暗暗发誓，一定要努力夺回往日的"荣光"。

从那以后，阿宽更加勤奋地集卡了。

为了不收到重复的卡，阿宽甚至练就了一手"听音识卡"的绝

技——一袋卡片被他拿到手里，只要搓一下外包装，不仅能猜出有几张稀有卡，而且这些稀有卡是什么，他也能猜个八九不离十。

凭着这项"绝技"，阿宽的卡片越积越多，找他交换的人也越来越多。 还有一些同学找阿宽帮忙看看买的卡片价值几何。

从此，阿宽不仅重拾了"卡片之王"的称号，他的名声还越来越响了，以至于整个年级的同学想要换卡片，第一反应都是问一问阿宽。

现在的阿宽获得了比小冰抽到两张稀有卡时更加风光的待遇，找他换的东西也花样百出。**不仅有小冰之前没换到的游戏机使用权、绝版漫画，班级里最厉害的学霸甚至都答应带着他一起复习功课。**

这样一来，阿宽的"小尾巴"可是翘上了天，每天都盘算着怎么才能让自己换到的东西更有价值。

随着找阿宽交换的人越来越多，阿宽的胃口也被同学们养"刁"了，对于铅笔、橡皮这种普通的小东西也是越来越看不上了。

这天，班级里脾气最好的男孩阿泽拿着一本漫画书来找阿宽交换卡片。这本漫画书也是时下很流行的，但是阿宽拿在手里前前后后看了看，指着一道折痕说："你这本书不是全新的，我不要旧书。"

听到阿宽的话，阿泽有点儿生气："这是我刚买到书时店员不小心折的，除此之外也没有别的痕迹了呀。"

"我的卡片是新的，要新的东西进行交换很正常吧？"阿宽丝毫不为所动，说得也毫不客气。

小冰和丝丝在一旁都看不下去了，急忙过来打圆场。

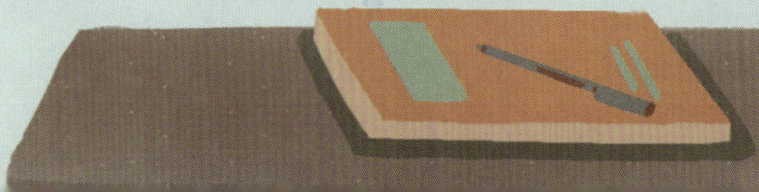

这次事件之后，对于阿宽"挑三拣四"的行为，小冰和丝丝多少有点儿看不下去了。她俩经常劝阿宽放宽一点儿条件："阿宽，你还是早点儿把东西换到手再说吧，万一哪天这卡片不流行了，你可要亏大了。"

作业本

辅导书

艺术课堂

历史故事

科幻故事

对于小冰和丝丝的关心，阿宽淡定得很，他挥挥手说："没事儿，没事儿，我看还得火一阵子。"

小冰和丝丝看看自信的阿宽，只好对望一眼，叹了一口气。

如果你是卖苹果的摊主，平常苹果是6元一斤，到了晚上快要收摊儿的时候，还有一些苹果没卖完，这时有人要求5元一斤卖给他，你会卖吗？

如果换成卖文具，铅笔6元一支，一天下来，有人要5元一支卖给他，你会卖吗？如果一个月还没卖完，你会卖吗？

然而，正如小冰和丝丝担心的，小长假之后，事情开始发生了转变。 同学们就像平常关在笼子里的小鸟一样被放了出去，在见识了各种各样的新奇玩意儿之后，返校后纷纷聚在一起，交流自己在假期里碰到的有趣见闻，**收集卡片的事情似乎早就被大家抛到了脑后。**

最初，阿宽还想着等这阵子风刮过去，自然又会有许多同学来找他交换卡片。但是很快，这个想法就被现实无情地击碎了。

小长假结束的第二天，一个更加有趣儿的小东西就吸引了大家的目光。原来，隔壁班班长带回来一个陀螺，只需轻轻一转，陀螺边缘就会飞出几片翅膀，可酷了！除了外形好看，玩儿的花样也很多，可以抽，可以转，玩儿得好的人甚至可以让它在斜坡上上下跳动。

一时间，整个年级的同学都去围观这个陀螺，里三层，外三层，比围着小冰抽卡的时候可热闹多了。

于是，陀螺风潮便流行起来。同学们手里

的各色卡片不见了，取而代之是一个个颜色各异的陀螺。

只要一下课，同学们就带着他们的陀螺互相"比拼"，操场上到处充斥着为陀螺"高手"发出的欢呼声和喝彩声，很多人早已把卡片忘在了脑后。

曾经风光无限的阿宽也失去了他的"特权"。虽然他依然坚信大家都会回来的，但是残酷的现实给他泼了一盆冷水，现在的阿宽，已经"门前冷落鞍马稀"，下课时一大圈儿人围着他转的"盛景"也一去不复返了。

自从有了陀螺，就很少有人拿着漫画书这种"大件儿"来找他交换了，只有零星几个同学，用一些文具交换一下自己格外喜欢的卡片。

但是在这样的现实面前，阿宽并没有顺势而下，依然保持着他"卡片之王"的固有姿态，对同学们拿来的东西总是挑挑拣拣的。

这天，阿泽拿着一块儿橡皮来找阿宽交换。虽然这是一块儿全新的橡皮，但是阿宽又免不了对着这块儿橡皮挑剔起来，特别是一想到阿泽曾经拿着漫画书来交换，阿宽心里就更加不平衡了。

"唉，我可真是太惨了。以前大家都拿漫画书来和我交换，什么时候我居然沦落到这步田地了！"

这话说得阿泽脸上红一阵，白一阵，仿佛阿宽是故意说给他听的。但是阿宽还没完，对着橡皮继续挑剔。在阿宽挑剔了一番之后，阿泽终于受不了了，带着橡皮扬长而去。

自那天之后，再也没有人来和阿宽交换了。

几天过去，饶是非常乐观的阿宽也无法再继续乐观下去了。

"小冰，丝丝，你们说我这么多卡片可怎么办啊！"阿宽都要急哭了，"要不我便宜点儿给你们吧，你们看看，随便拿啥换走都行。"

"我们俩才不要呢！"小冰吐了吐舌头，和丝丝一起研究起了新买的陀螺。

回到家里，小冰和姐姐说起了"卡片之王"阿宽的事情，姐姐听了，对小冰说："小冰，你还记得姐姐告诉过你，人对一个事物的价值的判断并不是完全客观的吗？"

"当然记得！"

"那姐姐再告诉你啊，随着时间推移，一个人对于这个商品的需求程度会渐渐减弱。以前同学们找阿宽交换卡片，阿宽提一些比较贵的东西，同学们咬咬牙可能也就接受了。现在时间过去了，就更容易有新的、好玩儿的东西替代阿宽的卡片，这时候阿宽再要一些贵的东西，

同学们就会不接受了！"

"原来是这样啊！"小冰笑着说，"那我要提醒他赶紧认清现实啦！"

第二天，小冰和阿宽讲了姐姐告诉她的**需求定律**。阿宽听完小冰的讲述，非常后悔地说："要是你早点儿告诉我这件事情，我早就把卡片都换出去了。"

"我们早就和你说了，你可没当回事儿呢，现在后悔也没用啦，就当一个教训吧！"小冰和丝丝齐声说。

小知识

需求第一定律：

当其他情况不变时，只要价格提高，商品需求量就会减少；价格降到一定程度，需求量就会适度增加。

需求第二定律：

需求对价格的弹性，和价格变化之后流逝的时间长度成正比。时间流逝得越久，人们对商品需求的必要程度越低。

应用场景

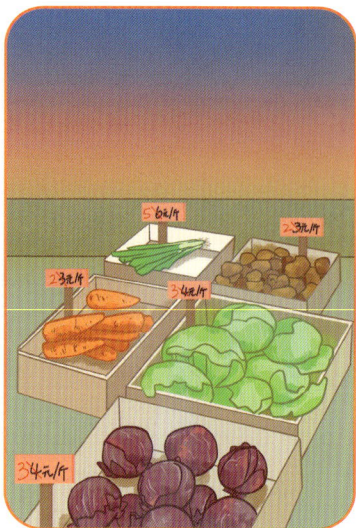

　　放学路上，我看见路边卖菜的摊位前，有很多人在买菜。回到家，我问妈妈为什么那里围了那么多人。妈妈说："到了晚上，菜摊老板通常会将白天没卖完的菜做降价处理，这样老板不至于囤货，大家也能买到新鲜的菜。价格低了，人们就会积极购买。"我想，以后我们买菜是不是也可以等到晚上呢？

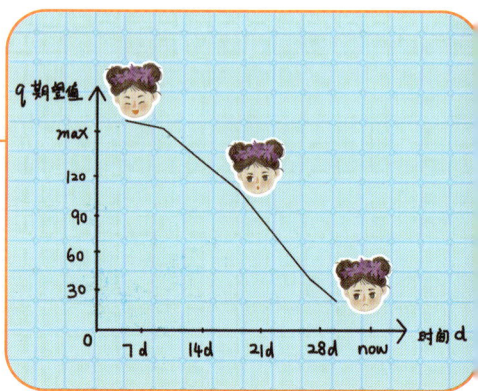

　　今天，爸爸带回来一个我曾经期待已久的礼物——机器人拼图。以前每次路过商店橱窗的时候，我都要爸爸给我买，可爸爸每次都会说以后买给我。

这次，爸爸本来是要给我一个惊喜，可是今天收到它，我好像并不怎么兴奋了，反而觉得它太简单了，适合送给表弟玩儿。现在的我可是喜欢更有挑战的东西，比如魔方、九连环。

孩子看得懂的经济学

价格为什么会变？

唐鹂鸣 / 著

小井井 / 绘

海豚出版社
DOLPHIN BOOKS
CICG 中国国际传播集团

图书在版编目（ＣＩＰ）数据

孩子看得懂的经济学 . 价格为什么会变？ / 唐鹏鸣
著；小井井绘 . —— 北京：海豚出版社 , 2022.6
ISBN 978-7-5110-6002-0

Ⅰ.①孩… Ⅱ.①唐… ②小… Ⅲ.①经济学 – 少儿
读物 Ⅳ.① F0-49

中国版本图书馆 CIP 数据核字（2022）第 096011 号

孩子看得懂的经济学 价格为什么会变？

唐鹏鸣 著 小井井 绘

出 版 人	王 磊	
出 品	丁俊松	
统 筹	郑海波	
策 划	田鑫鑫	
责任编辑	梅秋慧 潘金月	
特约编辑	潘惠同 董晓雪 吕思思	
封面设计	扁 舟 尚丽俐	
装帧设计	杨西霞	
责任印制	于浩杰 蔡 丽	
法律顾问	中咨律师事务所 殷斌律师	
出 版	海豚出版社	
地 址	北京市西城区百万庄大街 24 号	
邮 编	100037	
电 话	010-68325006（销售） 010-68996147（总编室）	
印 刷	北京盛通印刷股份有限公司	
经 销	新华书店及网络书店	
开 本	720mm×1000mm 1/16	
印 张	23.5（全八册）	
字 数	240 千字（全八册）	
印 数	20000	
版 次	2022 年 6 月第 1 版 2022 年 6 月第 1 次印刷	
标准书号	ISBN 978-7-5110-6002-0	
定 价	200.00 元（全八册）	
版 权	daly.ding@chinamediatime.com	

序 言

《孩子看得懂的经济学》是一套别出心裁的面向儿童的经济学科普读物。这套书从读者同龄人的视角出发,用贴近儿童生活的生动案例,以图文并茂的形式为读者打开了经济学世界的大门。这套书的定位是儿童读物,但其内容涉及经济学的诸多基础理论,比如厂商理论、消费者理论、外部性、信息不对称等。

许多家长可能会有疑问,孩子有必要这么早就接触经济学理论吗?答案是——很有必要。让孩子更早地了解和认识经济学,并不是要让他们学会"斤斤计较",而是要让他们尝试去思考支配着人们的经济行为背后的逻辑。现代社会的经济活动高度复杂,每个个体都通过经济这张网络紧密地相互联结在一起。用恰当的方式让孩子接触和领会经济学原理,能够为孩子提供一个认识经济、认识社会,最终认识自己行为的思维起点。

更重要的是,要让孩子逐渐理解他(她)所做的每一个选择都有相应的收益和成本。成长的过程就是孩子逐渐发现自己的"目标函数"的过程,即从其所关切的目标出发,然后赋予每个选择所对应的"收益"与"成本"的过程。如果孩子具备一些经济学思维,他(她)在确立自己的人生目标之后,就更可能"理性"地去选择最能实现其人生价值的成长道路。

最后,我诚挚地向大家推荐这套优秀的经济学科普读物,相信不会令读者失望。

厦门大学经济学院、王亚南经济研究院助理教授

高岭

目 录

沈小冰所在的学校进行了
"模拟市场"的实践活动，
小冰第一次对"价格"的巨大作用
有了了解……

1.如何确定"价格"？

价格反映了商品的价值

沈小冰所在的学校，每个学年的一件大事就是举办实践活动。每年这个时候，学校都会举办全校性的活动，让同学们增长见识。

上一次的实践活动，是高年级同学带着低年级同学去植物园参观。那次植物园之行，得到了家长和同学们的一致好评，同学们既长了见识，又增进了友谊！

今年的实践活动，小冰和同学们也是早早就开始期待了！ 比较活跃的同学已经跑了好几次老师的办公室，想要打听一些情报。可惜老师们都一副一定要保密到底的样子，把要去打听情报的同学"请"了出去。

这下同学们可更好奇了！

终于，在实践活动前一周，班主任张老师在班会课上说道："下面有个大家期盼已久的好消息——我们这学年的实践活动将要在下周四和周五举办啦！"

"这次实践活动的主题是'模拟市场'，就是让同学们像在集市上一样，自由买卖。"张老师说道。

听到这个消息，同学们爆发出了一阵欢呼，整个教室都热闹了起来，充满了同学们叽叽喳喳的声音，大家都在讨论要在集市上卖什么东西，连老师拍了三次手都没有安静下来。

就在这片嘈杂声中，丝丝举起了手："**那我们怎么确定东西的价格呢？**"

丝丝的声音虽然不大，但是这个问题却问到了所有人的心坎儿上。原本像锅开水一样沸腾的教室顿时安静了下来。

张老师听到这个提问，笑着说："丝丝同学这个问题提得很好，所以在开始模拟市场之前，老师和大家先做一个预热小游戏。"

一听说要做游戏，同学们都被勾起了兴趣儿，一个个小脑袋都向前勾着，紧紧地盯着张老师。

只见张老师从包里拿出来一盒笔。小冰所在的班级是两个人一桌，张老师给每桌右边的同学发了一支笔。

"只给一半的人发笔是什么意思？"下面已经有同学开始念叨起来。

听到同学们的疑问，张老师微微一笑："很快你们就会知道了。"

这话可吊起了大家的胃口，就在张老师继续发笔的时候，好多同学伸长了脖子迫不及待地看着，眼睛恨不得黏在老师背上。

终于，张老师发完笔，对大家说："**现在同学们两两一组，对这支笔进行'交易'。没有笔的同学在纸上写出对购买这支笔愿意出的价格，有笔的同学如果同意这个价格，那么这笔买卖就'成交'；如果不同意，那就让买笔的同学继续出价，继续讨论价格，一直到'成交'为止。**

"成交的同学，就把自己成交的价格写在纸上交给老师，待会儿我们一起来看看，大家都给出了什么样的价格。"

听了老师的话，同学们都认真地商量起价格来。

小冰和丝丝这一组是丝丝拿到了笔，小冰发起了愁。

出什么价呢？出高了，自己肯定是不愿意的，但是出低了，丝丝也肯定觉得不行。

小冰一边想着价格，一边竖起耳朵仔细听周围同学的动静。

果然，和小冰想的一样，大家的沟通都不太顺利。有的同学出低了，同桌说什么也不愿意卖；有的同学出高了，一看同桌暗喜的眼神，又开始反悔。

"丝丝，你觉得多少钱合适呢？"小冰小声问丝丝。

"哈哈，这可不能让你知道。不过小冰你放心，我不会狮子大开口的！"丝丝笑着说。

这样啊……小冰一边想，一边在纸上写下价格，然后给丝丝看。

"果然我们心有灵犀，成交！"丝丝看着纸上的数字6，开心地说。

除了小冰和丝丝，班上已经有几组同学成交并且把他们的价格交给了老师，接下来，其他同学也开始陆陆续续成交。

💡 想一想 -

　　如果你在市场上买东西，在不清楚价格的情况下，与你的预估价格相比，你是会把价格报高一些还是低一些呢？

　　如果你在市场上卖东西，你愿意把价格报高一些还是低一些呢？

终于，最后一组同学交上了他们的价格。老师让班长和副班长对同学们的价格进行统计，一人宣布价格，一人在黑板上画"正"字。

刚开始统计的价格都是零零碎碎的，但是慢慢地，以5元、6元和7元价格成交的占据了很大一部分。在这3个价格中，以6元成交的同学又比其他两个价格多出很多，可谓"一骑绝尘"。

其他价格就比较少了，所以一看到出现2元、10元的价格，同学们都不禁发出了惊讶的声音。

统计结束，不出大家所料，愿意以6元成交的同学数量是最多的！

"看来，大家都想得差不多呢。"丝丝对小冰说。

听到丝丝的话，张老师赞许地点点头："丝丝同学说得对。从黑板上的结果看，绝大部分同学都觉得这支笔值 6 元，所以 6 元成交的最多。这 6 元的价格其实反映了大部分同学心里认为的这支笔的价值。"

"那为什么还有别的价格呢？"小冰接着举手提问。

张老师对小冰这个追问非常满意：

"小冰这个问题很好！这也是我接下来要讲的。之所以有不同的价格，是因为商品的价格虽然反映了它的价值，但是也会因受到其他因素的影响而上下波动。所以，一件商品的成交价格并不一定和它的价值相等！"

"原来是这样，怪不得会有讨价还价，原来价格是会变的！等等，老师，我还有一个问题！"小冰又举起了手。

"小冰今天真是非常善于思考呢，是什么问题呀？"张老师示意小冰接着发言。

"那这样的话，我们直接让价格等于价值不就好了？"

"哈哈，说到这个问题，让我们回忆一下这次交易的开始，大家是不是都不知道这个价格呢？定价也是要知道大家心里的价格后，才能调整到最合适的哟！"

"老师，我明白了！这个价格是在很多次交易中产生的，并不是我们说什么价格就是什么价格！"小冰恍然大悟。

　　"对，这就是我们这次预热游戏的目的，因为同学们自己制作的物品，并不像超市里标好价格的物品，开始是很难定价的，必须要从与其他人的交易里摸索。只有经过了摸索，才能确定最合适的价格！"

　　"那这次预热游戏，还真是很重要呢！"丝丝歪着头，"这一个游戏，可把我心里的谜团给解开了！"

　　张老师看着同学们的讨论渐渐停止，拍了拍手，说："那这次的班会课我们就到此结束，大家还有一周多的时间去准备模拟市场上要卖的东西。"

"定好要卖的东西之后，大家统一报给班长。要卖东西的同学，在开集的前一天，放学之后记得留下来布置摊位。当然，最重要的是，大家千万要记得，根据交易的实际情况定价！"张老师提醒大家。

"我们会记得的！"大家齐声说。

这次的预热游戏，不禁让沈小冰对这个学期的实践活动又多了几分期待。不知道模拟市场上，大家还会收获怎样的惊喜呢！

小 知 识

价值：

　　价值是商品的一个重要性质，它代表该商品在交换中能够交换得到其他商品的多少。

价格：

　　商品用货币来衡量的价值被称作价格。但是一般来说，价格不一定会和价值等同。

应用场景

元宵节这天，亲戚们齐聚一起，我和好久不见的表弟、表妹他们玩儿得火热。我带去了我的"新宠"——魔方，并为大家展示了如何还原魔方。表弟看到兴奋极了，要拿他心爱的小汽车模型和我交换。我想了想，我的魔方至少要20元，而表弟的小汽车模型15元可以买两个。于是我提出交换的价格，要表弟拿两个小汽车模型跟我换。

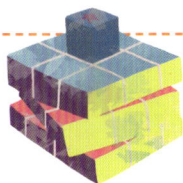

20元 > 15元

今天爸爸参加公司年会，抽奖抽到一辆自行车，刚到家就360°无死角地给我和妈妈展示，他开心极了。我却不以为意，心想：不就是一辆自行车吗，还没我的滑板车贵呢！直到爸爸给我看了这车的网购价格，我惊呆了，竟然要3000元！我们又看了这"宝贝"介绍，原来这车的工艺、材料、性能都是超级棒，还能变速呢！

工艺 90分
材料 100分
性能 95分
3000元超值！

2. "涨价"一定是坏事吗?

价格是如何调节供求关系的?

张老师一走，小冰就和丝丝热烈地讨论起"到底在模拟市场上卖什么好"这个问题。

小冰希望卖的东西能好看点儿，她觉得好看的东西会引起大家的注意。

"只要引起了大家的注意，停留的人就会变多，等于免费的广告呢！"小冰想起暑假和姐姐逛美食节的事情，越长的队伍吸引的人越多，而人们看这个队伍越长，越容易被吸引过来。

丝丝希望卖的东西要比较实用，大家都可以接受，如果只好看，不实用，只能吸引顾客一次。像美食节上大家互相不认识，只吸引一次也没什么问题。但是模拟市场有两天，同学们之间又互相认识，如果卖的东西不好，那她俩的名声可就毁了！

两个人讨论了半天，最终，美貌派的小冰和实用派的丝丝决定在模拟市场上卖纸杯蛋糕！一个小小的蛋糕可以摆上各种装饰品，既可爱又好吃；而且十分方便，能拿在手上一边逛市场一边吃，绝对超级实用！

　　确定好了要卖什么，小冰和丝丝就开始从原材料准备起来。**为了做出好看的蛋糕，她俩每天一放学就跑到丝丝家里，认真研究配料和味道。** 这段时间，她俩不知道吃了多少个纸杯蛋糕，小冰觉得都要吃腻了！

　　但是，辛苦总是值得的。在小冰和丝丝的不懈努力之下，她们终于确定了两个人都觉得最好吃的五种口味：原味、薄荷味、草莓味、巧克力味和西瓜味。

到了模拟市场这一天，小冰和丝丝的蛋糕刚一带到学校，就引起了全班同学的注意。彩色的蛋糕上不仅点缀着果酱和奶油，还加上了她们自己做的形状各异的小饼干或者水果，真是太好看了！当时就有同学问多少钱一个，想要"预订"。

根据张老师的预热实验，小冰和丝丝原本打算先卖一批蛋糕，根据大家愿意出多少钱来决定价格。这下正巧，她俩先问起了班上的同学，看定价多少合适。

"这么好的蛋糕，当然至少15元一个！"有的同学看得眼睛都直了。

"蛋糕虽然好，但是材料也不贵，15元太高了，我看4元差不多。"也有人反对。

同班会时一样，提极端价格的同学还是少数。大多

数同学都觉得 10 元比较合适。

于是，小冰和丝丝将纸杯蛋糕的价格定为 10 元。

事实证明，这个定价策略非常成功。来买纸杯蛋糕的同学大都觉得这个价格非常合理，一个上午，她俩的蛋糕就已经卖出了一大半。

到了下午，随着越来越多的同学尝到了纸杯蛋糕的美味，小冰和丝丝的摊位声名大噪。不仅有很多慕名而来的新同学，还有很多意犹未尽的"回头客"。她俩的摊位前还围着一大圈儿人，但是纸杯蛋糕却显而易见地不够卖了。

售罄！

涨价？

缺货！

想一想 --

　　假设你是商店的老板，售卖的商品中有一种玩具可以迅速补货。开始定价 6 元，后来你发现这种玩具比想象中更快卖完，你会选择涨价吗？

　　如果生产这种玩具需要很长时间，不能迅速补货，你会选择涨价吗？

"这可怎么办呢？"小冰开始发愁了。

"要不我们涨涨价？"丝丝提议。

涨价或许是个好办法。但是……会不会被同学说坐地起价呀？ 小冰对丝丝这个提议有点儿纠结，她担心地对丝丝说："涨价不太行啊，我觉得在大家的眼里，涨价不是什么好事儿，每次妈妈去超市看到东西涨价，回来都会抱怨半天。咱们在学校，都是认识的同学，肯定抱怨更多。"

"也是……"丝丝想了一会儿，觉得小冰说得也有道理。于是，她俩决定维持之前定好的价格。

因为没有涨价，所以小冰和丝丝的纸杯蛋糕卖得越来越快。集市要一直持续到下午5点，但是下午3点刚过，蛋糕已经卖完了。连原本打算留给她们自己的几个卖相不太好的蛋糕，也被同学们兴高采烈地买走了。

但是今天的事情还没完。

小冰和丝丝的名声已经传出去了，不断有同学慕名来摊位前询问。尽管大部分没买到的同学都表示理解，但是也有同学因为没有买到蛋糕而非常沮丧。其中有个叫西西的学妹，因为没有买到蛋糕，一直缠着小冰和丝丝，最后索性一屁股坐在了摊位上："学姐，你们卖 20 元，啊不，30 元我都想买！这也太好吃了吧！要不我怎么会没能买到呢?！"

西西边说，边眼泪汪汪地看着她俩，眼里全是说不出的委屈。

任凭是谁,在这个时候都没有办法拒绝这个可爱的学妹。

小冰开始后悔没有多做几个蛋糕,丝丝更是摸着她的头,连

连承诺明天一定给她留几个。

模拟市场

当晚，小冰在丝丝家里待到很晚，和丝丝一起做了比昨天多一倍的纸杯蛋糕！

回到家，小冰和姐姐小霜在电话里聊起模拟市场上的事情，她得意地告诉姐姐，她们的纸杯蛋糕大受欢迎，以至供不应求。**小冰想起学妹带着泪花的眼睛，对姐姐说："姐姐，我坚持不涨价是不是错了呀？"**

姐姐小霜在电话另一头听完小冰的讲述，对她说："**小冰，其实涨价并不完全是坏事呀！因为商品的价格上涨会让一部分人放弃购买，在商品有限的情况下，这反而能让更想买的人买到它。所以，价格其实是一种有效调节供给和需求关系的工具！**"

"原来是这样！那明天我去和丝丝说，我们把纸杯蛋糕的价格再定高点儿！"

第二天，小冰和丝丝说了姐姐小霜的建议。**于是她们一起把价格提高到了12元。**

没想到，小冰和丝丝的涨价不仅没有遭到同学们"声讨"，反而得到了更多同学的理解。有的同学还特地跑到她们的摊位前，认真地说道："我觉得你们的蛋糕是这个集市里做得最用心的！昨天我还觉得你们定价太低了！"

小冰和丝丝看到大家对纸杯蛋糕这么认可，心里乐开了花！

这时，昨天一直缠着她们的西西也来了，看到小冰和丝丝的蛋糕只涨价了 2 元，连连说"太好了"。西西不仅自己手上拿着两个边走边吃，还打包了两份，说要带给爸爸妈妈尝尝。

看着西西一边吃一边露出满足的笑容，小冰和丝丝也都感到欣慰极了。

终于，到了傍晚快要收摊的时候。今天虽然卖得也很好，但是因为她们做的蛋糕实在是太多啦，最后还剩下五六盒。

怎么办呢？全部带回去吃掉？一想到吃了这么多天的蛋糕，小冰和丝丝相互摇了摇头。这时已经没什么人来买了。

"小冰，我们既然可以通过涨价限制买蛋糕的同学，那也可以通过降价吸引买蛋糕的同学呀！"

"对呀，这还可以反过来！"小冰拍了拍脑袋，立刻找来一张纸，用彩笔写上"蛋糕清仓，每个8元"，还画了好看的花边来吸引同学注意。

广告纸刚一放上去，张老师就走了过来："小冰、丝丝，你们是卖不完了吗？"

"对呀，考虑到昨天被大家抢光了，今天就做多了。"

"哈哈，我知道这事儿。你们的蛋糕确实很有名了，我昨天还想打包回去，结果模拟市场的事情太忙，等我忙完时，发现你们的蛋糕早就没了。不过今天倒是托了晚回来的福，看来可以捡个大便宜喽！"

还没等张老师说完，看到降价信息的同学也围了上来，一起把剩下的几盒蛋糕给买走了。

看着大家品尝蛋糕的样子，小冰和丝丝不禁感叹，价格机制真有用！

小知识

价格机制：

价格机制是市场机制中的基本机制。所谓价格机制，是指在竞争过程中，与供求相互联系、相互制约的市场价格的形成和运行机制。

商品价格的变动，会引起商品供求关系变化；而供求关系的变化，又反过来引起价格的变动。供大于求，价格会下降；供小于求，价格则会上升。

应用场景

　　今天看新闻，讲到了"学区房"的事情，我很疑惑地问爸爸："为什么学区房明明面积不大，却卖得更贵呢？"听过爸爸解释后我才明白，原来是因为学区房有优质的教育资源，很多父母会为孩子能有资格上好学校而选择购买学区房，这样需求远远超过供给，学区房价格就会高。不过，现在已经明确"多校划片，就近入学"，学区房终将退出历史舞台。

　　为了迎接客人，妈妈带我去菜市场买水果，我看到有很多摊位都在卖西瓜，上面插个小牌子——9毛/斤。妈妈买了半个西瓜，结果花了还不到10元。可我记得冬天的时候爸爸去买西瓜，还抱怨很贵呢。我问妈妈，妈妈说："这是因为夏天是西瓜自然成熟、大量上市的季节，供给超过人们的需求了，价格自然便宜；而冬天的西瓜比较少，供给小于需求，价格就会高一些。"

3. 价格管制真的会让大家变好吗?

价格调节是有效的

其实，就在小冰和<u>丝丝</u>为蛋糕要不要涨价而苦恼的时候，张老师也有她的烦恼。

张老师的这个苦恼，围绕着模拟市场上的必需品——矿泉水展开。

这事儿还要从模拟市场开始的第一天说起。

原来，尽管同学们在模拟市场上可以卖各种东西，但是为了保证大家的基本需要，午饭和矿泉水都是由各位老师在学校食堂的协助下提供的。

这两天天气非常好，晴空万里。虽然比起前一阵已经凉快了不少，但是要在这太阳照耀下的集市里逛一天，也会逛得人一头大汗。

更何况，大部分同学还要模仿生活中市场上的讨价还价来一番"唇枪舌战"，更是让人口干舌燥，而学校饮水机里的水也只够平时饮用。

在这种情况下，为了让同学们都可以有水喝，老师们和食堂商定，把矿泉水的价格都定在每瓶1元。这样，即使没带多少钱的同学，也能买得起水喝。

但是，让老师们万万没想到的是，买矿泉水的同学数量远远超出了他们的预料。原本按平时喝水量3倍来准备的矿泉水，才到下午3点，就已经不够卖了。

这是怎么回事呢？各位老师都很纳闷。

张老师带着这份疑惑，不知不觉来到了小冰和丝丝的摊前。这时候，小冰和丝丝已经卖完了蛋糕，正有一搭没一搭地聊天。看见张老师，她俩连忙打招呼："张老师，来我们这里参观呀！"

"你们已经卖完了呀？"张老师看着空空的蛋糕摊，笑着和小冰、丝丝打了招呼。

"是的，卖得可好了！"小冰和丝丝自豪地齐声说。

"我也听同学们说了，你们的蛋糕大家可都是交口称赞！可惜今天我来晚了，明天我要早点儿来尝尝。就是不知道，明天能不能来得这么早了。"张老师说着，又想起了矿泉水的事情，皱起了眉头。

"张老师是遇到什么事情了吗？"注意到老师的表情，丝丝和小冰带着担忧问道。

"说来话长啊……"张老师叹了口气，说起了矿泉水以离奇般的速度卖光的事。

听完，小冰和丝丝对看了一眼，也都皱起了眉头。

小冰想了一会儿，说道："张老师，这些矿泉水肯定不会平白无故地卖这么快，我和丝丝去集市上看看，可能会发现它们的踪影。"

"那真是谢谢小冰和丝丝了！"张老师也正想着去看看，于是和她俩约定，她去北边看看，小冰和丝丝去南边看看。

小冰和丝丝在集市上一边逛，一边四处留心矿泉水的踪影。下午，集市上的同学还是很多，但是越往南走，随着店铺的减少，人群也越来越稀疏。

逛着逛着，她们发现在远离集市中心的一个偏僻的角落，围了很多同学。

小冰和丝丝觉得有点儿奇怪，那里一没有店铺，二也很少有同学会走到那里去。她俩凑近了一看，人群的中间居然是阿宽。

　　阿宽在干什么呢？

　　小冰踮起了脚尖儿往人群里张望，**发现阿宽居然正在卖从老师那里买来的矿泉水！都卖到了每瓶 5 元，而且好像还有涨价的趋势，快赶上她们蛋糕的价格了！**

　　小冰赶紧钻进人群里，扯了扯阿宽的袖子，小声对他说："阿宽，这里的水是老师为大家解渴准备的，为了让大家都有水喝，才把价格压得这么低。你这样做，反而是辜负了老师的一番心意呀！你为什么要卖这么贵呢？"

听了小冰的话，阿宽挠了挠头："**你说得没错。但是我不这么做，有人也已经这么做了，你去其他地方看看，都有同学把水卖到每瓶 8 元了呢！**"

"在哪里？我们可没看到。阿宽，你可不能编胡话呀！"小冰看到阿宽在卖水，本来就已经很生气了，被阿宽这么一狡辩，更加不相信他了。

¥5.00

¥1.00

想一想 ---

　　如果你是张老师，你会怎样为这批矿泉水定价？是按照正常的市场价格定价，还是将价格定在较低的档位？

　　如果不想让部分同学在校园中转卖矿泉水，你又会怎样制定价格呢？

"小冰，你可别生气。我把手上这几瓶水卖完，带你们过去看看……哎，这位同学，记得把钱给我啊！"阿宽一边说，一边忙着把水递给购买的同学。

不一会儿，阿宽手里的水就卖了个精光。他走到小冰和丝丝面前，招呼她俩一起过去。

阿宽带着她俩绕到教学楼的背阴角落，小冰定睛一看，果然还有同学在卖水，而且卖得更贵，甚至有卖到每瓶10元的。

买的同学虽然也觉得价格不合理，但因为口渴，犹豫一会儿，还是会咬咬牙掏了腰包。

"你们看，我还算'良心卖家'吧？"阿宽指着那个卖10元的高年级同学说。

"哼，可别说这种话，你只是没他们卖得贵罢了！"小冰听到阿宽的话，对他翻了个白眼，"来，你和我们一起去趟张老师那里，和她说说集市上的这个情况。"

"别啊，小冰，咱们不是好朋友吗？你干吗还要让我去老师面前'认罪'？"

阿宽一听小冰的话，拔腿就跑，但是被眼疾手快的丝丝一把抓住："阿宽，我们只是和老师说明情况，你要是再跑的话，我们就把你的事情告诉老师了！"

找到了矿泉水快速售完的"根源"，小冰和丝丝带着
阿宽把这件事情告诉了张老师。但是，当张老师带着其
他几位老师赶到的时候，矿泉水小摊都已经收工了！

也不知道是有人注意到老师们要过来，提前通风报信了，还是真的售完收工了。总之，张老师他们即使知道了这些事情，依然没法对现在的矿泉水问题进行管制。

"如果是这样，我们明天不如不要限定价格，按集市上大家普遍愿意买的价格卖试试？"张老师如此提议。

有几位老师依然坚持价格管制，但是大部分老师觉得张老师说得有道理。最终，不进行价格管制的方案占据了上风。

第二天，老师们根据第一批卖出去的水的价格，将矿泉水的价格定在了每瓶3元。

事实证明，张老师的方案是对的。定下来这个价格之后，矿泉水的价格一下子变成了之前的3倍，来买水的同学，果然少了很多！就连阿宽对着这个价格也连连摆手："同样的钱我又赚不了多少，不如帮小冰你们一起摆摊儿呢！"

"我们才不要你帮忙呢！"小冰和丝丝异口同声地说。

调价之后一天下来，矿泉水不仅没被抢完，甚至还剩了几瓶。

两天的模拟市场结束了，小冰回到家中，和姐姐又在电话里聊起了矿泉水价格调整的事情。**小冰非常疑惑地问："为什么老师们限定了价格，反而没能让所有同学都喝上水呢？"**

姐姐小霜听完小冰的困惑，说：**"对于一些必须管制但是没**

法有效管制的物品，限制它们的价格会让一些人去倒买倒卖，从中获利——剧院门口卖票的黄牛就是'倒买倒卖'这种情况。所以在没法有效管制的时候，通过放开价格，让价格来调节市场的平衡，反而能够有效地控制这种'倒买倒卖'的现象。"

"怪不得第二天放开了价格，同学们反而不去卖水了。"

"是呀，因为在这种情况下，自己卖水的价格和买水的价格差不多，何必再白费力气呢？"

"原来是这样！"小冰若有所思地点点头，"价格可真是很厉害呢！"

小 知 识

价格管制：

价格管制是政府为了防止基本生活费用不断上涨而对商品和劳务价格实行的管理。价格管制期间，商品和劳务价格管制的额度一般固定在指定时期（通常是紧接在宣布管制日之前的时期）的最高价格水平上。除特殊必要外，劳务和商品价格一般不得高于规定的价格进行交易，否则就视为违法违规，会受到法律法规制裁。

价格管制一般在重大紧急特殊时期（如战争）采用，在和平时期当通货膨胀压力增加时，有些国家也会对价格实施管制。

应用场景

《魔法师系列》图书真是太有趣了，一时间成了"顶流网红"，各大官方平台都销售一空，现在只能在指定时间抢购，还是预售。班里的组织委员天天拿着这套书"显摆"，告诉大家他有特殊渠道，只是卖得贵。我立刻告诉了爸爸，要他多给我一些钱。爸爸却说这种渠道不靠谱，无法保证是正版，说不定还涉嫌非法营利。我皱起了眉，爸爸说的是真的吗？

￥399

班里的宣传委员是个书迷，她喜欢的作者近期要举办一堂免费的写作课，但是因为想去的人太多了，导致一票难求，于是她号召全班同学帮她抢票，结果还是没抢到，最后还是她高价买了"黄牛票"，才顺利见到了喜欢的作者。后来老师知道了这件事，给我们讲了"追星"和"黄牛"的危害。其实，这种倒买倒卖会造成不良的社会影响，我们青少年更应该学会理性消费。

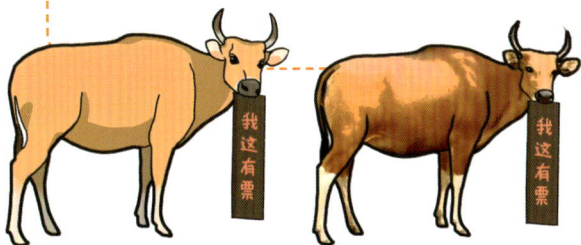

我这有票

我这有票

孩子看得懂的经济学

这个东西属于谁？

唐鹂鸣 / 著

小井井 / 绘

海豚出版社
DOLPHIN BOOKS
CICG 中国国际传播集团

图书在版编目（ＣＩＰ）数据

孩子看得懂的经济学 . 这个东西属于谁？ / 唐鹏鸣
著 ; 小井井绘 . —— 北京 : 海豚出版社 , 2022.6
ISBN 978-7-5110-6002-0

Ⅰ . ①孩… Ⅱ . ①唐… ②小… Ⅲ . ①经济学 – 少儿
读物 Ⅳ . ① F0–49

中国版本图书馆 CIP 数据核字 (2022) 第 096014 号

孩子看得懂的经济学　这个东西属于谁？

唐鹏鸣　著　小井井　绘

出 版 人	王　磊	
出　品	丁俊松	
统　筹	郑海波	
策　划	田鑫鑫	
责任编辑	梅秋慧　潘金月	
特约编辑	潘惠同　董晓雪　吕思思	
封面设计	扁　舟　尚丽俐	
装帧设计	杨西霞	
责任印制	于浩杰　蔡　丽	
法律顾问	中咨律师事务所　殷斌律师	
出　版	海豚出版社	
地　址	北京市西城区百万庄大街 24 号	
邮　编	100037	
电　话	010-68325006（销售）　010-68996147（总编室）	
印　刷	北京盛通印刷股份有限公司	
经　销	新华书店及网络书店	
开　本	720mm × 1000mm　1/16	
印　张	23.5（全八册）	
字　数	240 千字（全八册）	
印　数	20000	
版　次	2022 年 6 月第 1 版　2022 年 6 月第 1 次印刷	
标准书号	ISBN 978-7-5110-6002-0	
定　价	200.00 元（全八册）	
版　权	daly.ding@chinamediatime.com	

序 言

《孩子看得懂的经济学》是一套别出心裁的面向儿童的经济学科普读物。这套书从读者同龄人的视角出发，用贴近儿童生活的生动案例，以图文并茂的形式为读者打开了经济学世界的大门。这套书的定位是儿童读物，但其内容涉及经济学的诸多基础理论，比如厂商理论、消费者理论、外部性、信息不对称等。

许多家长可能会有疑问，孩子有必要这么早就接触经济学理论吗？答案是——很有必要。让孩子更早地了解和认识经济学，并不是要让他们学会"斤斤计较"，而是要让他们尝试去思考支配着人们的经济行为背后的逻辑。现代社会的经济活动高度复杂，每个个体都通过经济这张网络紧密地相互联结在一起。用恰当的方式让孩子接触和领会经济学原理，能够为孩子提供一个认识经济、认识社会，最终认识自己行为的思维起点。

更重要的是，要让孩子逐渐理解他（她）所做的每一个选择都有相应的收益和成本。成长的过程就是孩子逐渐发现自己的"目标函数"的过程，即从其所关切的目标出发，然后赋予每个选择所对应的"收益"与"成本"的过程。如果孩子具备一些经济学思维，他（她）在确立自己的人生目标之后，就更可能"理性"地去选择最能实现其人生价值的成长道路。

最后，我诚挚地向大家推荐这套优秀的经济学科普读物，相信不会令读者失望。

厦门大学经济学院、王亚南经济研究院助理教授

高岭

目录

书，可以说是沈小冰平时接触最多的东西了，

但是小冰没想到，

除了书本上的知识，

她还能通过一本书学习到什么是"产权"……

1. 一本抢来的书

权利不等于有力量

大非是小冰班上最壮实的小朋友。

但是大非的壮实没有用在帮助同学、行侠仗义上，反而让他成为班级里出了名的"淘气包"，经常打趣一些平时看起来比较胆小的同学，给同学带来烦恼。

因此，小冰和其他同学都非常不喜欢大非，但是又拿他没有什么办法。

这天早上第一节课，正好是班主任张老师的语文课。张老师一到教室，就让同学们拿出语文书，准备抽人朗读课文。

原来，今天要学习新的一课。在昨天下午的语文课上，张老师特地叮嘱，让同学们回家之后认真预习，第二天要在课堂上朗读课文。

但是，这段话大非可一个字都没听到。因为昨天的语文课是最后一堂课，大非想着下了课要去踢足球，在座位上蠢蠢欲动，心早就已经飞到了足球场，哪里还记得老师的话。大非不仅没预习课文，连课本都忘带了！

好巧不巧，被抽到朗读课文的，是大非这个小组。

大非虽然平时在班级里十分"凶悍"，但是对于张老师，他还是有几分忌惮的。张老师平时看着温柔，可是遇到自己再三强调过的事情，那可是毫不手软。而且张老师能把道理说得头头是道，让大非心服口服。

眼看着就要轮到自己朗读了，大非趁老师不注意，一把抢过了同桌阿泽的书。

终于轮到大非了。因为阿泽的书上做满了笔记，大非捧着课本读得有模有样，这让张老师非常出乎意料，甚至破天荒地表扬了一下大非。

相比之下，阿泽可就惨了。因为大非和阿泽坐在最后一排，大非读完，下一个就是阿泽，所以等轮到阿泽的时候，没有课本的人，变成了阿泽。瘦高个儿的阿泽，只能低着头直愣愣地站在座位前。

　　"嗯？阿泽，你为什么不接着读？没带课本吗？"张老师对平时十分遵守纪律的阿泽没带课本这件事情十分惊讶，语气也不觉加重了几分，"我昨天明明强调了好几遍，要好好预习，我看你昨天也认真记下来了，难道回去看都不看？"

　　听着老师的话，同学们也开始窃窃私语起来。平时懂事、听话的阿泽哪里被张老师这么说过，只能将头垂得更低了，几乎要把脸给埋起来，耳朵红得发烫，好像要烧

起来似的。

　　阿泽用求助的目光看向大非，但是大非假装什么都看不见，直愣愣地看着语文课本，仿佛那课本是自己的一般。

　　"下课来我办公室一趟吧。下一位同学。"张老师看到阿泽什么都不说，只能下了最后的"宣判"。**阿泽听到后，瘦瘦的身子晃了晃，像一片叶子似的，倏地落了下去。**

　　而大非依然正襟危坐，仿佛这件事和自己没有一点儿关系一样。

下了课，等张老师走后，大非四处看了看，用他粗壮的手臂按住了正要去办公室的阿泽，压低了声音对他说："阿泽，今天你的书就归我一天了，老师那里你知道该怎么说吧？"

虽然大非的声音压得很低，但还是被过来接水的小冰听了个一清二楚。

小冰一边拿着水杯慢慢走回座位，一边在心里想："大非这话是什么意思？难道此事另有隐情？"

小冰在座位上坐了一会儿，看到阿泽从老师办公室走了回来，头垂得很低，眼睛还红红的，看起来十分委屈。

小冰看到阿泽这副样子，走过去一把拉住了他，把他拉到走廊上："阿泽，你这是怎么回事？"

开始，阿泽还支支吾吾不肯说出实情，小冰便把她接水时听到的话告诉了阿泽，阿泽这才和盘托出大非抢走他的书，还在张老师面前撒谎的事情。

小冰听了，气不打一处来，拖着阿泽就走到大非的桌子前，准备为阿泽讨回公道。

大非看到小冰带着阿泽气势汹汹地走过来，嘴角扯出一个轻蔑的笑："阿泽，你这次去老师办公室，是去搬救兵了吗？怎么只搬来小冰这么个小个子？"

小冰一听，更气了："大非，你不要瞧不起人，是不是你抢了阿泽的书，还说什么'今天就归我一天'了？这书原来就是阿泽的！你快和我一起去张老师办公室说清楚！"

"因为我力气比他大！这本书我从他手里抢到了，所以是我的！"面对小冰的指责，大非不仅没有感到丝毫愧疚，反而说起歪理来，"要我去张老师办公室说清楚可以，你要么把我说通了跟你去，要么你把我拖过去。"

如果你在超市里买了一支笔，这支笔属于你吗？为什么？

如果你在路上捡到一支笔，这支笔属于你吗？

如果你在路上捡到一支笔，之后笔的主人找到你，说这是他的笔，你会把笔还给他吗？

小冰哪里拖得动大块头的大非，一时半会儿也想不到怎么说服他，只能愤怒地瞪着大非。大非毫不在意，反而得意扬扬地哼起了小曲儿。

见到这个情景，小冰气得都要冒烟儿了！

"我们还是算了吧，我没事儿的。"阿泽过来拽了拽小冰的袖子。

"不能这么算了！我肯定会找到说服你的办法！"小冰不服气地扭头走了。

"那——我——等——你——哟——"大非在她背后阴阳怪气地拖长了音。

回到家之后，小冰向姐姐小霜打电话求助。

她在电话里说完事情的经过之后，十分愤怒地对姐姐说："**如果所有人都认为谁有力量谁就能拥有更多的东西，那不就变成原始人了嘛！**"

姐姐听到她的话，"扑哧"一声笑了出来："小冰，其实你这话说得很对。**在人类社会早期的时候，谁力气大，打到的猎物就是谁的。但是后来人们发现，有些地方的动物是其他人养起来的。别人辛辛苦苦养大的牛羊被你一下子打死了，是不是很不公平？所以，后来人们发明了一个概念，叫`产权`。**

"**产权，顾名思义就是一个人处理自己财产的权利。产权是受到法律保护的。如果一个人要取得某个东西的产权，必须要征得对方的同意才行。**

"大非虽然力气大，但是如果阿泽不同意，他是不可以把书据为己有的。"

"哦？原来还有这样的概念！那这么说，其实我们生活里的大部分东西，只要它是属于我专有的，那么产权就归我啦？"

"小冰真聪明！一般来说，是这样的！"

"明白了！我明天就去和大非说道说道！"小冰得到了姐姐的肯定，跃跃欲试起来。

第二天，小冰又来到大非的桌前，将姐姐昨天告诉自己的"产权"理论讲了出来，一边讲，还一边总结："大非，你觉得自己很有力量，就可以抢别人的东西，这样是非常不对的。如果大家都用这个逻辑，你的东西也会被更强壮的同学抢走。"

在小冰关于"产权"的一番说辞下，大非也败下阵来。"我真是小看了你，没想到你为了驳倒我，查了这么多资料。我已经把书给阿泽了，我现在和阿泽一起去老师办公室道歉，行了吧？"

"那当然要道歉！而且你还要对阿泽诚恳道歉！"小冰一板一眼地说道，丝毫不退让。

"好好好，服了你了！"大非输得心服口服，先对正在图书角看书的阿泽道了歉，又和阿泽一起向老师说明了情况。

经过这件事，大非也逐渐意识到了自己的行为是不对的，从此和同学们关系好了很多。

经过一番波折，小冰觉得，有经济学的思维真有用！

小知识

产权：

产权是经济所有制关系的法律表现形式，指的是合法财产的所有权，这种所有权表现为对财产的占有、使用、收益和处分。

应用场景

今年，爷爷送了一架遥控飞机当作我的生日礼物，漆红色的飞机机身配上黑色的图标和细节，非常好看。我知道这架遥控飞机很难买到，更是爱不释手。朋友们也很喜欢我的飞机，都争着和我一起操纵飞机，体验飞行滑翔的快感。其中一个朋友出于喜爱，想要花钱从我这儿把遥控飞机买过去，想到这是爷爷送我的礼物，因此我拒绝了他的要求。我表示可以借他玩儿两天，这是我的东西，我有权决定是否将它借给别人。

问题就这样轻松解决了，如果是你，你会怎么处理呢？

最近，商场里新开了一家玩具店，我每天放学回家都会路过，橱窗里展示着积木拼装成的高大动物、植物、玩具模型，每次看到，我都忍不住赞叹。周末，我再三央求妈妈带我去玩具店，因为店铺正在做活动，这天进店的每个人都可以领两个小玩具！妈妈答应了我的要求，我如愿拿到了玩具。回家的路上，我自言自语："要是店员能再多送我一个玩具就好了。"妈妈听了，批评我太贪心，她说店铺送的玩具是有限的，如果每一个人都多要一个玩具，那么排在前面的人会因为自己的贪心而导致后面的人领不到玩具。

2. 一本大家的书

"公地悲剧"的产生

学校图书馆筹备了一个多月的公共图书角终于开放了！

这个公共图书角是同学们期盼已久的项目。原来，上个学期学校开设了阅读课，但是因为图书馆的面积不够大，只能让每个班轮流去读书。因此，同学们要隔很久才能读完一本书，上一次读到的情节都忘了，这一次的阅读课也还没轮到自己去继续阅读。

针对这个问题，学校图书馆的老师于是向全校同学分发了调查问卷，询问大家想要采取的阅读形式和喜欢的图书类型。

经过同学们的投票，最后学校决定，在每层楼的拐角处建一个公共图书角，这样一来，每个班级的同学都可以在阅读课的时候，去图书角拿自己喜欢的书阅读。**当然，和图书馆不同的是，为了让每个同学都有书读，这里的书是不能带回家的。**

轻轻地亲，
轻轻地走。

公共 图书角

这两天，学校的公共图书角里上架了几套新的故事书，是当下最流行的《魔法师系列》图书。讲了一个寄宿在姑妈家里的女孩被魔法学校邀请上学的故事。里面奇幻的设定、跌宕起伏甚至有点儿惊险的情节，让同学们爱不释手。

所以当大家知道了这个消息，阅读课时都一窝蜂地涌向公共图书角，迫不及待地想看这套书。

小冰也不例外。

这次，小冰眼疾手快地拿到了该系列书的第一本，不知不觉看了一大半。当她还想继续把这本书看完的时候，下课铃响了。

小冰看了看最后剩下的二十多页，在老师的催促下，她恋恋不舍地把书放回了图书角。

阅读课结束，丝丝问起小冰书里的故事，你一言我一语地讨论起来。可惜，小冰和丝丝都没看到第一本书的结局，她俩一边讨论一边感叹："好想知道后面发生了什么呀！那条蛇是怎么回事？女主最后得救了吗？"

正在她们讨论最激烈的时候，后排座位上的阿宽突然问了一句："你们是在说这本吗？"

说着，他从书桌里拿出了一本书。

小冰定睛一看，就是她刚刚看的那本！

"阿宽，你居然买了，快借我看看！"小冰看到阿宽手里的书，可开心了，伸手就想过去抢。

"哎，小冰，你别急！"阿宽将手中的书虚晃一下，躲过小冰的"追击"，"等我看完了再借你！"

"好好好，你快点儿看，我等着。"小冰撅了撅嘴。

"小冰，等一下！你别听阿宽瞎说，这书好像不是他的。"就在刚才小冰和阿宽开展"争夺战"的时候，丝丝瞥到书上的折痕有些熟悉，"这是图书角的书吗？"

"这……"阿宽不好意思地挠了挠头，"我就知道瞒不过丝丝，其实这本书，是我从图书角拿出来的。"

"阿宽！张老师说了多少遍，图书角的书是大家的，你怎么能偷偷带回来呢？"小冰感觉自己被阿宽戏耍了，不禁有些生气。

"小冰、丝丝，你们小声点儿，别说出去！"阿宽有点儿慌了，压低了声音，对她们说，"你们看，图书角的书那么多，我拿一本也不会被发现。而且这本书还有好几套，也不会影响其他人读。我把书带回去，又不是不还了，只不过是把'阅读课'延长了而已。"

"你这理也太歪了！我要去问问张老师，这'阅读课'能不能延长！"

"哎呀，小冰，你别这样。"阿宽见小冰动了真格，赶紧开始安慰她，"小冰，你不是很喜欢这本书吗？等我看完就借给你看，你可不要告诉老师啊，否则，你可就没得看了，咱们也没得做朋友了！"

听到阿宽这么保证，小冰说实话还是十分动心的。刚才阅读课上没看到的结局，就像小老鼠一样，在小冰心里直挠痒痒。但是小冰又觉得，阿宽这么说，虽然表面上听起来是对自己非常有利，但是又感觉哪里不太对劲儿。

"要不今晚你带回去看？"阿宽见小冰还在犹豫，又补了一句。

"我才不要和你一样做这种违反纪律的事情！"小冰虽然还在嘴硬，但是眼睛也不住往书上瞟。

阿宽注意到了小冰的表情，赶紧承诺："那……今天我赶紧看完，明天把书给你！"

想一想

你所在的街区有个小公园，只能容纳80人，人太多会导致运动器材受到高程度磨损。如果你的街区正好有80人，你去公园玩儿的时候会因为人太多而不去吗？

如果你的街区有100人呢？你还会这么做吗？

带着对阿宽行为的困惑回到家后，小冰将阿宽试图收买自己的事情告诉了姐姐小霜："虽然我觉得阿宽的提议非常有吸引力，但是又觉得哪里不太对劲儿。"

　　姐姐听了小冰的话，问道："小冰，你觉得哪里不太对呢？"

　　小冰想了想，对姐姐说："我觉得，虽然对于图书角来说，阿宽拿一本书看上去并不会有太大问题，但是如果大家都像他这么做，图书角就会没有书了。可是……"

　　"可是什么？"

　　"可是我又觉得，这种情况并不会发生，毕竟大部分同学都会遵守纪律，所以我也很矛盾。"

　　"其实，你并不用矛盾，你的想法是对的，而且，现实生活中确实有'书都被抢完'的例子！"

　　"哎？居然还有这种事？"小冰一下子被勾起了好奇心。

　　"这种事情，有个统一的称呼，叫'公地悲剧'。"

"公地悲剧是什么意思？"小冰对这个新词充满好奇，不由得瞪大了眼睛。

"在说公地悲剧之前，我们先听听这个概念——'公共资源'。所谓公共资源呢，就是大家都可以使用的资源。'公地悲剧'就是指公共资源不够多的时候，大家都按自己的需求使用，却没有统一的管控，以至于资源的使用量大于可以提供的量，最终会导致资源枯竭的现象。比如一片草地只可以喂饱 20 只羊，但是这里有 30 户人家，每家都有 1 只羊。每个人都觉得，我只有 1 只羊，吃点儿草也没有什么问题，但是对于这片草地来说，已经承受不了这么多羊的啃食，最后再也长不出草了。"

"这样听起来，这种现象还挺多的！河里的鱼也是，都被捕完了，我们就没鱼可以吃了！"小冰的小脑袋飞快地转动着，"但是，为什么会这样呢？"

"这主要是因为公共资源有两个性质，一个是竞争性，一个是非排他性。竞争性的意思是你使用这个资源的时候，如果用得太多，就会挤占别人使用的权利；非排他性，就是指你在使用这个资源的时候，其他人也可以使用。因为这两个特性，人们都想按照自己的想法尽可能多地使用公共资源，最终会造成公共资源的'滥用'。"

"那……像我们的公共图书角应该就是一种公共资源，每个人都想把书带回去，下次就没有书可以看了，这个是不是滥用？"

"小冰真聪明！这就是你觉得阿宽不对的原因，所以老师才不允许同学们把书带回家！"

"那我明天可要好好和阿宽说说。"小冰想了想空无一书的图书角，照这样下去，剩下的二、三、四、五、六、七本自己可都看不到了！这样绝对不行！

第二天一到学校，小冰就揪住了阿宽："阿宽，你还是把书还回去吧！要不然，以后的书咱们都看不成了！"

"小冰，你不会告诉老师了吧?！那我以后可不和你玩儿了。"阿宽听到小冰这么说，吓了一跳。

"不是不是，阿宽，你听我和你说……"小冰讲了公地悲剧的现象，又向阿宽描述了他的行为可能导致图书角连一本书都没有的情景。

阿宽一想，这样自己也看不到其他书了，不禁打了个哆嗦。刚下第一节课，他就和小冰一起去图书角还了书。

小知识

公地悲剧：

过度开发公共资源导致资源枯竭的现象。

竞争性：

如果某人已经使用了给定数量的某种商品，就不能同时被其他人消费，因为让更多人消费会产生边际成本。

非排他性：

是指一个人在消费这类产品时，无法排除他人同时也消费这类产品。而且即使你不愿意消费这一产品，你也没有办法排斥这一产品。

应用场景

　　道路边停放着很多共享单车，有时车辆多到甚至挤满了过道。这些共享单车能在很大程度上方便人们的出行。但有时候，路上却见不到几辆单车，这些单车三三两两地散落在各个路口，可需要单车的人却还是那么多。所以有时在路口，我远远地就看到，有那样两三个人暗地里加快了脚步，默默地和其他人争抢仅存的单车。因为一辆单车只能给一个人提供方便，一有人使用，其他人就只能再想办法了。后来爸爸告诉我，这在经济学上叫作"物品的竞争性"，也就是说一件物品在同一时间内只能供一个人使用。

楼道里的灯一闪一闪的，有时直接就不亮了，我猜肯定是它想休息，不肯工作了。爸爸说已经请了师傅过来维修，这样晚上大家路过时都能看得见。我问爸爸，楼道里的灯和自己家里的灯有什么不同之处。爸爸告诉我，楼道里的灯是大家的财产，所以在使用上有非排他性，也就是大家都能享用楼道里的电灯带来的光明；但自己家里的灯是我们的私有财产，所以在使用上有排他性，只能我们自己用。但如果邻居向我们借类似电灯这样的私有财产，我们也可以借给他们。

3. 一本别人的书

产权保护三原则

阿宽还完书之后，小冰终于在下一节阅读课上读到了《魔法师系列》图书第一本的结局。

读到最后，小冰发现作者还给下一本埋下了一个伏笔。这可又勾起了小冰心里的小虫子，她又忙不迭地借来了第二本书。

而小冰开始看第二本的时候，发现这位作者真是巧思迭出，很多第一本书里面看似不经意的小细节，到了第二本书里突然就变成了解锁情节的关键。

这导致小冰不仅对没有看完的地方心直痒痒，已经看完的部分对她来说也有许多可以重新挖掘的地方。

这样下去，阅读课远远不能满足小冰了！小冰和妈妈软磨硬泡了许久，又找姐姐借了些钱，终于把购买这套书的费用凑齐了。

终于到了周末，小冰在寒风呼啸的天气里破天荒地出了一次门儿。不过由于该系列书销售火热，很多书店都已经没货了。小冰好不容易找到一家藏在小巷子里的书店，才买到了这一整套书，而且已经是最后一套了。

小冰小心翼翼地捧着这套书，生怕一个大风吹过来，把书打翻在地，弄脏了书页。

星期一，小冰将书带到学校，立刻引起了大家的关注。

眼尖的同学一看到小冰拿出这套书，就早早地预约借阅了。而后得到消息的同学，在小冰桌前懊悔没有早点儿注意到小冰把这套书带来学校。

一个上午，除了小冰正在看的那本外，其他几本书都被借了出去。一直到下午，还有很多同学来询问小冰有没有多余的书，甚至都在小冰这里排上了号。

第一批拿到书的人当中就有阿琳。

阿琳是个非常腼腆的女孩儿，连跟不熟的同学讲话都会涨红脸。这样的性格，她自然不好意思麻烦别人。当然，听到别人请求的时候，她也很难去拒绝。

但是阿琳可算是该系列图书的一个忠实读者，一看到小冰拿出了这套书，她就立刻像兔子一样冲到小冰的座位前，很小声地开口问道："小冰，这书可不可以麻烦你借我几天呀？我一定、一定爱护它的。"

小冰和阿琳虽然算不上很好的朋友，但是她平时对阿琳的印象非常好。所以当阿琳主动到小冰的座位前面借书时，小冰只是有些惊讶，随后没有任何犹豫，非常爽快地把书借给了她。

　　看着阿琳涨红了脸不停道谢的样子，小冰心里想，这一套书借出去，最不用担心收不回来的就是阿琳了。

一周结束了，同学们陆陆续续把书还给了小冰。

小冰觉得书已经收得差不多了，于是开始清点起来，左点点，右点点，发现还是少了一本。

会是谁呢？小冰把借书的人在心里都过了一遍，是阿宽吗？不对，阿宽是前几天还回来的。那红红呢？不对，红红是最早还书的那个。

点来点去，小冰发现她之前认为最不可能迟还的阿琳恰恰成了迟还的那个。

小冰觉得有些奇怪。阿琳平时虽然话不多，但无论是课堂作业还是小组合作，她总是保质保量按时按点完成，答应同学的事情也总是努力做到，怎么会这么久还不还书呢？

于是小冰走到阿琳的座位前，想问一问阿琳到底是怎么回事。还没等小冰开口，阿琳却先说了出来："对不起，小冰，我还没有看完，能不能再宽限两天？"说这句话的时候，阿琳还带了几分恳求的神色。

小冰虽然有疑惑，但是看着阿琳的表情，她也没忍心追问，只让阿琳这周末之前一定要还给她。

但是一直到了周五，阿琳还是没有把书还过来。眼看着还有一节课就要下课了，小冰赶紧朝阿琳的座位走去。但还没到阿琳座位上，她突然发现，阿琳同桌的桌子上放着的书有点儿熟悉，再定睛一看，正是自己借给阿琳的那本。

阿琳看到小冰朝自己走来，又发现小冰用余光看着那本书，非常

不好意思地对小冰道歉。

原来，阿琳的同桌飞飞也非常喜欢这本书，看到阿琳借来了小冰的书，又想到小冰那里排了不少人，就开始缠着阿琳借给他看几天。阿琳原本想拒绝，但是顶不住飞飞的央求，便把小冰的书借给了他。

正在阿琳向小冰解释这本书为什么会出现在飞飞桌上的时候，飞飞从外面走了进来。小冰一看到飞飞，急忙和飞飞说让他把这本书先还回来，排队借阅。

谁料，飞飞并不想立刻还回书，他告诉小冰，这本书已经快读完了，就让他继续读完吧。

小冰当场拒绝："不行，这本书原本是借给其他人的，人家还等着周末回去看呢！"

想一想

如果你从同学那里借到了一支笔，没有经过笔的主人同意，你会把这支笔借给其他的陌生人吗？

那如果你的同桌想借你这支笔，没有经过笔的主人同意，你会借吗？

但是飞飞似乎早有准备，说了一通大道理："小冰，这本书你反正也是要借给别人的，我也已经在你那边排上了队，排到第三个。现在你让我看完，不也就等于只和我前面那个人换了顺序吗？这对你来说也没有什么区别，借给谁不都是一样借？"

忽然，小冰灵机一动，想起了之前和大非争论时，姐姐曾经给她讲过的"产权"概念，一本正经地反驳起来："飞飞，你知道'产权'的概念吗？"

看到飞飞摇了摇头，小冰得意地笑了笑，接着说了下去："所谓产权，就是指我对我的财产或者物品的拥有权。比如你手上这本书是我的，所以我拥有对它处理的权利，这个就是产权。

"产权包括了财产的拥有者对这个财产的使用权、收益权和转让权。其中使用权就是我们可不可以读这本书的权利。他人如果想要读这本书，就必须经过财产拥有者的允许，让财产拥有者把使用权给让渡出来。

"但是即使财产拥有者把使用权给让渡出来，这件物品的所有权依然是他的。

"而产权保护有三个基本原则，分别是财产原则、责任原则和不可转让原则。在这三个原则之下，如果你

想要我的产权，你就需要向我购买。若你想强行占有的话，那就必须要给我赔偿。

"所以，如果我想收回这本书，你就必须让我收回；如果未经我的同意，你就随便使用我的财产，财产价值数额大的话，甚至会被警察叔叔抓起来哟。

"放在今天这本书上，你从阿琳手上借走这本书是不行的，因为阿琳并没有借出这本书的权利，所以你的借阅也不能算数。只有我才有借出这本书的资格。尽管我之后还是要把这本书借出去，但我这次没有借给你，你还是老老实实排队吧！"

"嘿，我还以为这是一件小事，没想到这么严重啊！"听到小冰有理有据的反驳，飞飞也不由得开始正视起这件事情来，"之前确实是

产权所有者

使用权
产权
收益权
转让权

产权保护
财产原则
责任原则
不可转让原则

我大意疏忽了，没有经过你的同意，也没有考虑到这个事情背后的严重性。小冰，这本书还给你吧，你下次可要早点儿给我排上哟！"

而在一旁默默听着的阿琳，看到小冰顺利解决了这件事情，不由得对着小冰冒出星星眼，拉着小冰说："小冰，真是对不起！另外，你真的太厉害了，下次也教教我如何像你这样有理有据地拒绝别人吧！"

小 知 识

产权保护三原则：

财产原则

一个人想要剥夺别人的所有权，只能向对方付费到对方愿意放弃为止。

责任原则

当一个人侵害了别人的产权后，侵害者需要向产权所有者赔偿。

不可转让原则

在一些特殊情况下，政府禁止所有权人把其所拥有的资产卖给他人。

应用场景

　　周五，班主任老师在班上举行了一个公益性的拍卖活动，同学们可以把自己不再需要或是愿意捐赠的物品，带到教室拍卖给其他想要的同学。最终拍卖得到的钱，老师会代替我们捐给学习条件相对较差的地区。拍卖会很快开始了，老师要求我们在力所能及的范围内给出价格，不应争强好胜，最终价高者获得。活动进行得很顺利，同学们带来的东西基本都拍卖出去了。其中，有一个猫头鹰手偶玩具最受欢迎，五六位同学来回竞价，他们每轮加价 1 元，最终以 39 元成交，在整个竞价过程中大家都激动不已。

孩子看得懂的经济学

为什么我画的钱不能用？

唐鹂鸣 / 著

小井井 / 绘

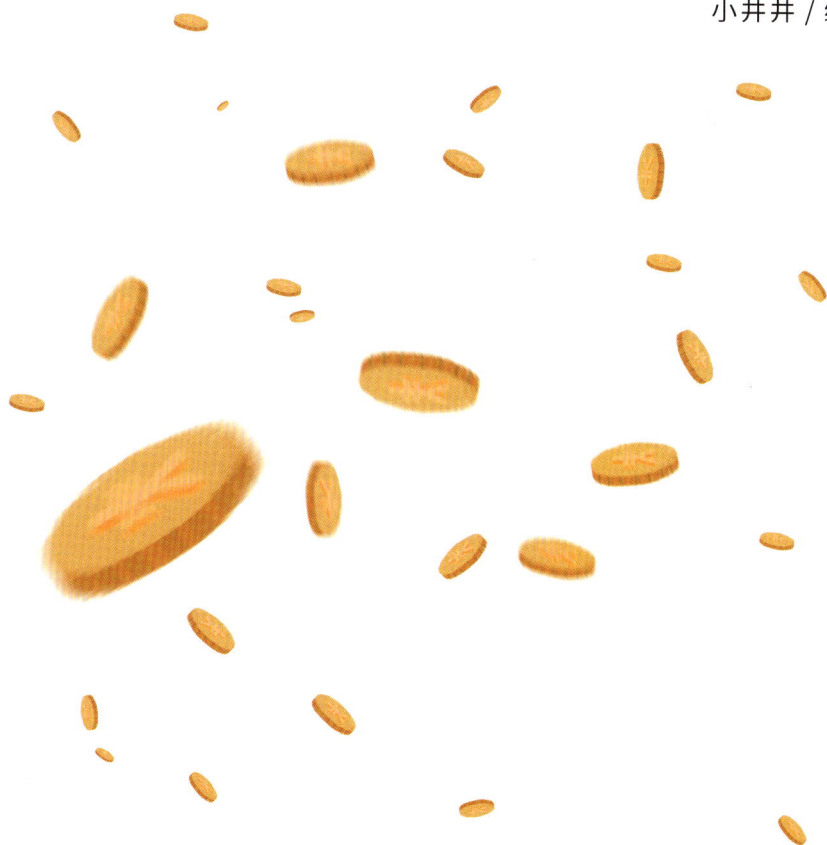

海豚出版社
DOLPHIN BOOKS
CICG 中国国际传播集团

图书在版编目（ＣＩＰ）数据

孩子看得懂的经济学 . 为什么我画的钱不能用？/
唐鹏鸣著；小井井绘 . -- 北京：海豚出版社,2022.6
  ISBN 978-7-5110-6002-0

  Ⅰ .①孩… Ⅱ .①唐… ②小… Ⅲ .①经济学 - 少儿
读物 Ⅳ . ① F0-49

  中国版本图书馆 CIP 数据核字（2022）第 096010 号

孩子看得懂的经济学　为什么我画的钱不能用？

唐鹏鸣　著　小井井　绘

出 版 人	王　磊
出　品	丁俊松
统　筹	郑海波
策　划	田鑫鑫
责任编辑	梅秋慧　潘金月
特约编辑	潘惠同　董晓雪　吕思思
封面设计	扁　舟　尚丽俐
装帧设计	杨西霞
责任印制	于浩杰　蔡　丽
法律顾问	中咨律师事务所　殷斌律师
出　版	海豚出版社
地　址	北京市西城区百万庄大街 24 号
邮　编	100037
电　话	010-68325006（销售）　010-68996147（总编室）
印　刷	北京盛通印刷股份有限公司
经　销	新华书店及网络书店
开　本	720mm×1000mm　1/16
印　张	23.5（全八册）
字　数	240 千字（全八册）
印　数	20000
版　次	2022 年 6 月第 1 版　2022 年 6 月第 1 次印刷
标准书号	ISBN 978-7-5110-6002-0
定　价	200.00 元（全八册）
版　权	daly.ding@chinamediatime.com

序 言

　　《孩子看得懂的经济学》是一套别出心裁的面向儿童的经济学科普读物。这套书从读者同龄人的视角出发，用贴近儿童生活的生动案例，以图文并茂的形式为读者打开了经济学世界的大门。这套书的定位是儿童读物，但其内容涉及经济学的诸多基础理论，比如厂商理论、消费者理论、外部性、信息不对称等。

　　许多家长可能会有疑问，孩子有必要这么早就接触经济学理论吗？答案是——很有必要。让孩子更早地了解和认识经济学，并不是要让他们学会"斤斤计较"，而是要让他们尝试去思考支配着人们的经济行为背后的逻辑。现代社会的经济活动高度复杂，每个个体都通过经济这张网络紧密地相互联结在一起。用恰当的方式让孩子接触和领会经济学原理，能够为孩子提供一个认识经济、认识社会，最终认识自己行为的思维起点。

　　更重要的是，要让孩子逐渐理解他（她）所做的每一个选择都有相应的收益和成本。成长的过程就是孩子逐渐发现自己的"目标函数"的过程，即从其所关切的目标出发，然后赋予每个选择所对应的"收益"与"成本"的过程。如果孩子具备一些经济学思维，他（她）在确立自己的人生目标之后，就更可能"理性"地去选择最能实现其人生价值的成长道路。

　　最后，我诚挚地向大家推荐这套优秀的经济学科普读物，相信不会令读者失望。

厦门大学经济学院、王亚南经济研究院助理教授

高岭

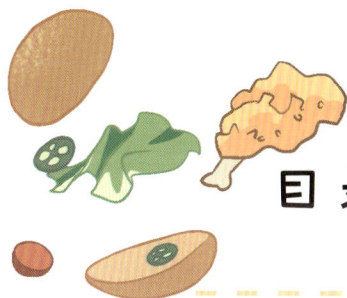

目 录

寒冷的冬天已过去，春天来了。

一到春天，沈小冰和同学们最期盼的就是春游了！

终于到了春游这天，

小冰全班同学在老师的带领下，来到了公园……

1. 如果我们没有货币

货币的本质是一般等价物

虽然和姐姐一起"开公司"的日子过得非常愉快，小冰也学到了不少知识，**但是，还没等小冰完成"商业帝国"的宏图伟业，新学期就开始了。** 妈妈因此更多地限制了小冰玩游戏的时间，小冰的"商业帝国计划"也只好暂时搁浅。

好在新学期的到来很快转移了小冰的注意力，她开始认真学习。不知不觉到了四月份，草长莺飞，连空气里都洋溢着甜美的春日气息。

每到这个时候，小冰和同学们都非常兴奋，因为很快就可以去春游啦！

说到春游，对小冰和同学们来说，这可是学校生活中的一份儿巨大乐趣。这一天，不仅可以光明正大地和同学们在校外自由地玩耍，还可以交换各种平时在学校难以拿出来的吃的、喝的、玩儿的东西，可开心了。

而学校的安排也没辜负同学们的期待，这周五放学之前，张老师就宣布了去春游的消息：

"下周我们将要去太阳湖公园春游，同学们记得提前做准备。"说完还介绍了有关要求。

话音刚落，班级里就响起大家的欢呼声，有几个同学甚至开心地敲起了桌子。而更多的同学则是兴奋地讨论起春游要带的东西。

其中最重要的，就是讨论带什么零食！

小冰和同桌丝丝也不例外。两个人拿着小本子，开始挨个儿记下要买的零食。整整一周的课外时间，小冰和丝丝多次讨论春游到底带什么的问题。

到了春游那天，同学们在张老师的带领下出发啦！每个人都带了满满一书包吃的、喝的、玩儿的、用的东西。一路上，阳光照在每个同学的身上，暖洋洋的，大家拉着手、唱着歌，别提多开心了。

到了公园，同学们像小兽被放出了笼子，撒欢儿地左逛逛，右看看。

公园里此时正是春意最浓的时候，路边开满了争奇斗艳的花，姹紫嫣红，甚是好看。耳边传来鸟儿清脆的啼叫声，婉转动听。在这迷人的春光之中，同学们三五成群做起了游戏。

玩儿着，闹着，不知不觉到了午饭时间。在张老师的指挥下，大家在湖边坐下，开始享用午餐。

这时，小冰和<u>丝丝</u>之前列的清单就派上了用场！**原来，在春游之前，为公平起见，小冰和丝丝就按照所买东西的价格列出了一张表，两个人花费的金额差不多。**这样，两个人一起吃东西，就不会出现"占便宜"的情况了。

她俩把包里的东西一一拿出来，放到铺好的餐布上，你一个，我一个，吃得不亦乐乎。

很快，小冰和<u>丝丝</u>带来的好吃的也吸引了其他同学的注意。

第一个走过来的人是后桌的阿宽，他背着手，大摇大摆地走到了小冰和<u>丝丝</u>旁边，指着餐布上的蛋糕问："这个看起来很不错哎！我可以拿一个吗？"

好脾气的<u>丝丝</u>刚想答应，小冰抢先一步拦住了她：

"那可不行，我们的食物又不是大风刮来的。你要拿这个蛋糕，需要拿东西和我们换的。"

"拿什么东西和你们换呀？"阿宽露出了迷茫的表情。

"拿一个和这个蛋糕等价的东西来换就好了呀！"

阿宽想了想，觉得有道理。不一会儿，他就拿着一个面包走了过来，用面包换走了<u>丝丝</u>的蛋糕。换完之后，阿宽将换来的蛋糕宝贝似的拿在手里，咬了一大口，眯着眼睛说："这真是我吃过的最好吃的蛋糕了！"

　　阿宽的举动被不少同学看在眼里，很快，大家也都有样学样地找周围的同学开始交换吃的。一时间，湖边变得比之前更加热闹了。不少原本在班级里不怎么说话的同学，也借着这次交换食物的机会聊了不少，大家都非常开心。

但是，事情也并不总是一帆风顺的。就在大家吃得兴致正高的时候，湖边柳树旁传来了一声大叫："我不想用这个来换你的东西！"

大家听到叫声，纷纷循着声音的方向看去，只见一个高大、壮实的身影站立在一个柔弱的长发女孩儿前面，两个人正用手拉扯着一袋鸡腿儿。

高大、壮实的身影正是班级里的"淘气包"大非，而拉着那袋鸡腿儿不放的，则是文静、柔弱的阿琳。

毫无疑问，刚才的喊叫声是阿琳发出的，小冰和其他同学都觉得事情一定不简单，于是一起围了过去。女生们围在阿琳身边，有的给阿琳递纸巾，有的握着阿琳的手询问她到底发生了什么。

原来，在阿宽用面包换丝丝的蛋糕之前，大非就盯上了阿琳的这袋鸡腿儿，想让阿琳把鸡腿儿给自己，阿琳自然是十分抗拒。

但是大非"不屈不挠"，在看到阿宽用面包换来了丝丝的蛋糕之后，他也照猫画虎，拿了一个小面包要去和阿琳换那袋鸡腿儿。

然而，这袋鸡腿儿可是阿琳午餐的主要食物，虽然不是她最喜欢的食物，但她能用来和其他同学交换其他可口的食物，但大非拿来的那个小面包却根本不顶饱，这样的"交换"太不公平了。即使是平时温柔、文静的阿琳，也不想和大非这样交换，于是她拒绝了。

一旁的大非也非常委屈，他也是学着其他同学的样子，拿着面包去交换。结果，阿琳不仅不同意交换，还狠狠地凶了他，真是让他不明白这是为什么。

　　假设你手上有几支笔，想和同桌换一个本子。如果用三支笔换同桌的一个本子，你觉得自己亏了，但是如果用两支笔换，同桌又会觉得亏。这个时候，你们应该怎么换，才能让双方都满意呢？

看着大非和阿琳僵持不下，周围的同学也都对这样的情况感到手足无措。

看到同学们都围了起来，张老师走了过来，问道："发生了什么事儿？为什么大家要在这里呢？"

"张老师，大非和阿琳因为交换吃的吵架啦！我们也不知道到底谁对谁错，老师，您来看看该怎么办。"

听同学们讲完来龙去脉，张老师拿起阿琳的鸡腿儿看了看，又拿起大非的面包看了看，语重心长地对他俩说："大非，你这个面包确实是小了点儿。用这个来换阿琳的鸡腿儿，人家觉得亏是很正常的事情，所以你不要因此埋怨阿琳。阿琳，大非虽然拿的东西不值你这袋鸡腿儿的价格，但是你也不用一下子就回绝大非，这样大非肯定也觉得非常不开心。

"这样吧，我给你俩列一个折中的方案。阿琳，你的鸡腿儿多少钱一个？大非如果有零花钱的话，直接用零花钱买阿琳的鸡腿儿，看她能接受的价钱是多少就

¥5

¥1

¥3

¥10

行啦。阿琳可以用这笔零花钱向其他同学购买自己喜欢的食物。老师这样的处理方法，你们能接受吗？"

阿琳听完张老师的话，想了想，点了点头。大非本来觉得有一些委屈，但是听完老师的话，也觉得很有道理。于是，两个人冰释前嫌，一起坐下来讨论起了交换食物的事情。

张老师看着大家又开始高兴地玩耍起来，便满意地离开了。对张老师肃然起敬的小冰，一直跟在张老师的后头，问："张老师，您能告诉我，为什么我们之前物物交换是可以的，但是到阿琳和大非这里就不行了呢？为什么老师提出用钱交换的方法，他们又接受了呢？"

听到小冰连珠炮似的提问，张老师被逗笑了："小冰真是个勤于思考的好孩子呀！你问的这个问题，就涉及'一般等价物'的概念啦。我们现在看到的货币大多都是一些纸币，并没有什么实际的价值。但是货币最开始的形式是贝壳这种内陆不常见的物品，后来则通常是金、银等贵金属，都是具有实际价值的。我们将它们称为一般等价物。一般等价物的意思，就是从商品当中分离出来，用以标记其他商品价值的商品。

"所以，无论是阿琳的鸡腿儿还是大非的面包，都可以用货币来表示。之前大家交换的时候，都是用价值差不多的东西交换的，这样的物物交换不会有什么问题。**但是像阿琳和大非这种交换的东西价值差别有点儿大，就需要用统一的尺度来衡量物品的价值，也就是需要用货币来进行交换！这样一来，阿琳与大非不仅都觉得交换变得公平，而且阿琳与其他同学的交换也成为可能，通过货币的滚动，会有更多人交换到自己想要的物品。这样才会对大家都有益处呢。"**

"原来是这样啊！怪不得大家都会说钱很重要呢！"小冰若有所思地点了点头，今天跟着张老师又学到了一个新知识。

小 知 识

一般等价物：

一般等价物是从商品世界中分离出来，作为其他一切商品价值的统一表现的特殊商品，是商品生产和商品交换发展到一定阶段的产物。

应用场景

　　周末，爸爸妈妈带我一起去参观一个新建成的遗址博物馆，博物馆里有专门为游客讲解的讲解员。我们在博物馆里看到了很多陶器、石刻、壁画等。讲解员也耐心地给我们讲解了各种知识，我们听得不亦乐乎。突然，我看到一个展位上摆放着很多白白的、小小的东西，我问爸爸，但他也不知道那是什么。于是我鼓起勇气问讲解员，讲解员顺着我指的方向看到了那些小东西，他说那是海贝壳，有很大的用处，在很早以前充当一般等价物，相当于我们现在用的纸币。讲解员给我们讲了很久很久以前的人们是怎么用海贝壳进行货物交换的，以及他们交换的方式。

2. 如果货币发行了太多

通货膨胀是什么？

吃完午饭，小冰和丝丝懒洋洋地躺在餐布上望着天空。阳光洒在脸上，晒得她俩暖烘烘的。

但是没晒多久，她俩都觉得有点儿口渴了。

小冰和丝丝的第一反应是拿着自己的吃的和其他人换水。 但是问了一大圈儿，周围的同学带的水大多都已被分完了。

春游还有半天，公园也还有一大半没逛呢！

小冰看着蓝蓝的天，今天真是晴空万里，天上没有一丝白云，"这样下去，在公园里玩儿肯定还会出很多汗，没有水是万万不行的。"

"但是同学们已经没有多余的水了，那可怎么办呢？"丝丝听着小冰的话，为难地皱了皱眉头。

"丝丝，带零花钱了吗？"小冰想到了刚刚张老师说的话，**"既然换不到，那么就只能买了，我们一起找一找公园里有没有卖水的商店吧！"**

"你说得有道理！"丝丝听了小冰的话，开始翻起口袋找零花钱。

小冰也开始掏钱，一个掏出了六块钱，一个掏出了四块钱。

"丝丝，我们一共有十块钱，应该可以买一些除矿泉水之外的饮料。你想喝什么样的饮料呢？"发现两个人带了这么多钱，小冰不禁有点儿开心。

"我想喝我常喝的那个桃子味儿的运动饮料！我记得价格是五块钱。我们两个一共有十块钱，这样可以买两瓶！"

"好呀，我也很喜欢喝那个饮料！我们一起去买吧！"虽然妈妈常说喝矿泉水更健康，但是小冰觉得甜甜的饮料更加吸引人。

两个人确定了想要买的东西，站起身来向张老师打了个报告，便在附近寻找起商店来。

说来也巧，绕着湖面走了小半圈儿，小冰和丝丝就找到了一家商店。**里面的饮料的种类虽然不多，但是恰好有她俩最喜欢喝的那款。**

这下小冰和丝丝都十分开心。小冰指着货架上的桃子味儿运动饮料大声说道："老板，我想要两瓶那种饮料。"一边说着，一边把两个人的零花钱放在了柜台上。

"好呀，小朋友，这是两瓶，你们可要拿好哈！"老板爽快地把饮料递给了小冰和丝丝。

但是，正当她们转头要走的时候，老板在身后喊住了她俩："哎，两位小朋友等一下，你们给的钱不够呀！"

"啊？为什么不对？我们不是正好给了十块钱吗？"

"但是这饮料涨价了，现在每瓶要六块钱了！你们还差两块钱呢！"

"我上次买这种饮料的时候还是五块钱，怎么到这里就六块钱了呢？"**小冰想起了姐姐之前教给她的"租"的概念，又加了一句，"老板，是不是因为咱们景区商店比较少，所以定的价格比外面高一点儿呀？"**

"嘿，小朋友，这你可冤枉我了！咱们虽然是景区内的商店，但是卖的价格和外面是一样的，绝对的良心价！"

"但是你们这水又不是紧俏的商品，为什么一定要

涨价呢？"小冰看了看老板身后的货架上面排得满满当当的饮料，又想到了姐姐之前说过的供求关系会影响价格的理论，于是接着说，"照理来说，那不是要买的人多，卖的东西少，才会涨价吗？"

"这倒也不是。你要是问这个为什么涨价，这道理我是说不出来的，但是我可以告诉你，从我们进货的时候开始，这个饮料的价格就已经上涨了，上个星期刚刚涨的价，我们进货的成本涨了六毛钱呢！而且不光是这一种饮料，其他好多饮料也都涨价了！

"我也不是故意要多赚钱。进货的价格涨了六毛钱，我们自己也不能赔本，那不就只能涨价吗？**我按新的建议零售价定价，总共比原来涨了一块钱。**"

想一想

如果你是一家饭店的老板，你发现这三个月来原材料的价格都有不同程度的上涨，你会维持菜品原有分量不变，而将菜单上面的价格提高，还是维持菜单上面的价格不变，减少原有材料的用量呢？你觉得这两者有什么区别吗？

小冰听完老板的话，又看了一圈货架。她发现，货架上的饮料的价格正如老板所说，都比自己认知里先前的价格上涨了一些。就连一瓶普普通通的矿泉水，也从两块钱涨到了两块五。

听到小冰和老板的对话，丝丝拉了拉小冰的衣角，说道："小冰，要不然我们就买最普通的矿泉水吧，就不要桃子味儿的运动饮料了！这样万一我俩还想买的话，还能再多买两瓶！"

"那老板给我俩拿两瓶矿泉水吧！"小冰从柜台上拿回了五块钱，又把刚刚老板递给她的运动饮料放回柜台上。

"好嘞，我这就去给你们拿！"老板一边说着一边打开橱柜，"你们要常温的还是冰的？"

"我要一瓶冰的，天太热了，我不喝冰的可不行。"小冰说。

"那我要一瓶常温的吧，谢谢老板。"旁边的丝丝很有礼貌，细声细气地回答。

买完了水，小冰和丝丝一起回到了同学中间。这时，其他同学也都休息好了。大家一起收拾好东西，继续下午的游览。

愉快的时间总是过得飞快，转眼就到了公园闭园时间，小冰和同学们也要和春游时光说再见了。

回到家里，小冰立刻和姐姐打了个电话，向姐姐报告了这一天的见闻。

除了大非和阿琳之间因为价值不匹配而产生的纷争之外，公园里卖水的老板那番话，也让小冰想找姐姐好好聊聊。

"姐姐，为什么这个商店的饮料涨价的原因，和你之前跟我说的都不一样呢？"

"这是因为之前我和你说的价格上涨都是实际的价格上涨，但是这位卖水的老板提到的价格上涨，却是货币的原因导致的。"

"货币原因？那是什么原因？张老师之前说，货币不是一般等价物吗？照理来说，它不应该都是一个价值吗？"

"你说得没错，不过那是在使用贵金属等有实际价值的货币时的定义。你想想，我们现在是不是都是使用纸币？"

"是这样，但是这和涨价有什么关系？"

"当然有关系啦！当我们使用纸币作为货币的时候，由于纸币是由政府指定的专门机构发行的，会出现流通中的货币量和我们经济活动所需要的货币量不对等的情况。

"想象一下，假如我们国家现在只有一种商品需要交易，比如说大米。这种大米价值100元，但是国家印了110元，那么人们就会用这110元去买之前100元的大米，那大米的价格就从原来的100元变成110元了。

"这个现象在经济学上有一个专业名词，叫作通货膨胀，指印发的货币量大于流通中所需要的货币量时，物价就会普遍上涨的现象。

　　"而这种价格上涨的现象，跟供求或者租金是没有关系的，它是由货币本身的贬值所带来的。"

　　"好复杂啊……不过还挺有意思的！这就不仅仅是我身边的经济学啦，真的太厉害了！"

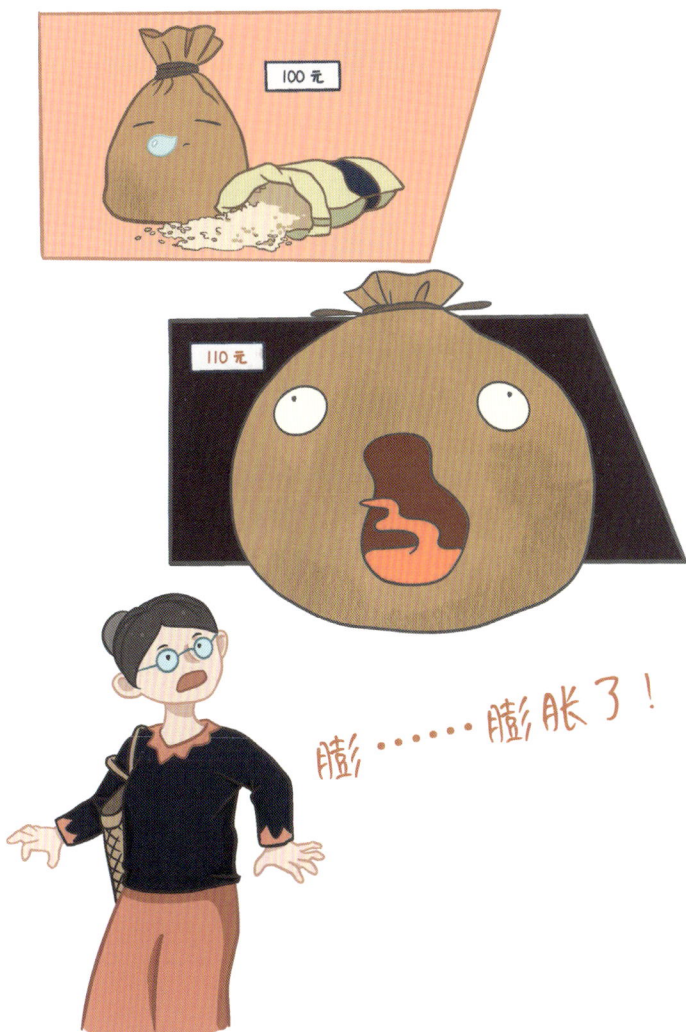

膨……膨胀了！

"是呀，关于经济，特别是宏观经济，还有许多有意思的现象呢。你要是有兴趣，以后姐姐和你慢慢讲。"

"太好了！"小冰开心地点了点头，"我以后一定要把生活中的这些现象多跟姐姐说说！"

小知识

通货膨胀：

在一定时间内一般物价水平持续上涨的现象。通货膨胀和一般物价上涨的本质区别：一般物价上涨是指某个或某些商品因为供求失衡造成物价暂时、局部、可逆的上涨，不会造成货币贬值；通货膨胀则是能够造成一国货币贬值的该国国内主要商品的物价持续、普遍、不可逆的上涨。

造成通货膨胀的直接原因：一国流通的货币量大于本国有效经济总量。

应用场景

最近班上流行起了集卡游戏，有一种零食袋子里会赠送卡片，大约 5 包零食里才会出现 1 张卡。卡的类型分为 5 种：最平常也最多的是 R 卡，依次是 P 卡、A 卡、S 卡，最稀有的是 SS 卡。SS 卡的种类共有 10 种，但 50 张里可能只有 1 张 SS 卡。

我和大家一样加入了集卡大军。为了收集到所有的卡片，我先是疯狂地买那种小零食，后来，我发现有的卡总会有重复的，于是我就开始和其他人交换卡片。很快我就收集到了大部分的卡片，但是 SS 级别的卡特别难收集。一般情况下，我们都是用同级别的卡片和同级别的卡片交换，如 A 卡只能交换 A 级的卡片。但有的人运气很好，总是能够抽到级别高的卡片，甚至有几张重复的 SS 卡。于是我们大家约定好，每张 SS 级的卡可以换 5 张 R 卡、4 张 P 卡、3 张 A 卡或 2 张 S 卡。

但后来大家发现 SS 卡出现的频率越来越高，很多人都有 SS 卡了，但是有几张特别的 SS 卡总是抽不到。有人为了能够最早集齐所有卡，开始用 2 张 SS 卡换 2 张 S 级别的卡，再后来有人为集齐那些比较难集的 SS 卡，开始用 2 张甚至 3 张 SS 卡换一张难集的 SS 卡。

慢慢地，大家发现 SS 卡忽然变多了，很容易就能集到所有的卡，于是这些卡对大家来说也不那么重要了。因为我们集卡过于疯狂，老师了解了事情的来龙去脉后，说我们这是"通货膨胀"，劝我们不要再继续集卡。我们对这一"经济现象"已经有了深切的体会，也就放弃集卡了。

3. 如果把货币留到明天

现在的货币比未来的更值钱

虽然春游时因为不了解价格而错失了运动饮料，但是小冰依然玩儿得非常开心。**因为她发现了公园里面的游戏中心！**

那里有着各式各样的游戏机，既有竞速赛车、打枪或者格斗等激烈的游戏，也有唱歌、跳舞这种看起来比较休闲、轻松的游戏……几乎每个同学都能找到自己喜欢的游戏类型。

这下可把大家高兴坏了，一时间，游戏中心里都是小冰班级的同学。

幸好之前遇到了运动饮料涨价的事情，小冰和丝丝才得以把省下来的零花钱投入游戏之中。

在这些游戏中，有一款游戏格外引起了小冰的注意。这台游戏机其实是一个投资模拟器，**往里投入一定的游戏币之后，游戏会根据投入的游戏币数量给玩家一笔资金进行投资。玩家选定了投资策略之后，游戏会根据投入的钱和投资策略算出玩家的收益。**

而且，这个游戏还可以登录自己的账户，等到下次登录的时候，一起结算收益，挑战全国排名。

"钱生钱"可是小冰最喜欢的项目了，虽然比起格斗、射击，这台机器前可谓门可罗雀，但是小冰却玩儿得非常开心。

有了寒假玩儿模拟投资的经验，小冰驾驭起这款游戏可谓是如鱼得水，硬是把几块钱的本钱翻了十倍。

最妙的是，在这台游戏机上，机器还能把投资的成果换算成相应的游戏币。所以不一会儿，小冰手边的框里已经攒了一大堆游戏币。

小冰在这款游戏里面的突出成绩也引起了其他同学的注意。**刚开始小冰身边空无一人，随着投资收益越来越多，她身边围着的同学也越来越多。**

这其中也包括了阿宽。作为最早关注小冰玩游戏的同学，阿宽可谓抢到了一个好位置，看着机器上越来越多的钱和小冰手里越来越多的游戏币，他不禁拍了拍小冰的肩膀，说："小冰呀，你看你这个游戏玩儿得这么好，要不咱俩做个交易？**我把我手上的这些钱和游戏币都给你，你拿我的钱和游戏币玩儿，然后赚到游戏币，我分你五分之一。以你的投资水平，我下次可以玩儿遍这里所有的游戏了！你也不亏！怎么样？要不要来？**"

做个交易？

阿宽还注意到这里可以登录自己的账户，他盯着游戏屏幕又说了句："小冰，如果你在自己的账户里输入你的投资金额和投资策略，等到下周，说不定你能把账户里面的钱变成我们开始投资时候的一百倍。**这样，这里的游戏我们就可以想怎么玩儿，就怎么玩儿了！**"

什么交易？

听着阿宽的提议，小冰开始也十分激动，但是她又想到姐姐曾经和她说**投资一定要谨慎、谨慎再谨慎，收益和风险是并存的，收益越多，风险越大，**

容易挣到很多钱的项目，往往也会赔得非常厉害。

于是她断然拒绝了阿宽的提议，并且收拾好自己赚的游戏币，准备下一次来这里的时候多带点儿零花钱，玩儿个痛快。

转眼到了周末，小冰攒好钱，来到公园的游戏中心，打算再一显身手。

但出乎她意料的是，打开游戏，她发现投进去的游戏币换算成游戏中的启动资金后，居然变少了！

这让小冰十分郁闷，明明自己攒的游戏币比上次还多了点儿，没想到进到游戏中反而变少了。早知道这样，当初就应该接受阿宽的建议，用他的钱一起投资，这样还来得更划算呢！

虽然这次玩游戏也赚了不少，但是小冰始终对启动资金变少这件事情耿耿于怀。一回到家里，小冰便和姐姐通了电话，开始抱怨起游戏的事情："姐姐，照理说，投入的游戏币和游戏的启动资金不应该成正比吗？**为什么在这款游戏里，我第二周过去玩儿，启动资金就少**

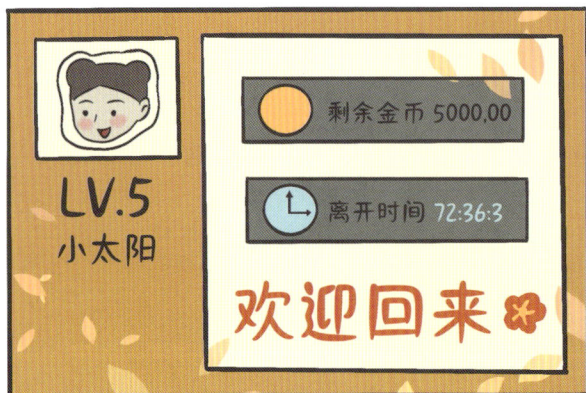

LV.5
小太阳

剩余金币 5000,00

离开时间 72:36:3

欢迎回来

了呢？"

"这个应该和游戏的设计有关系，等姐姐上网找找看有没有关于这个游戏的介绍……在这里！我找到了！原来是这样！"姐姐像发现了新大陆一般，惊呼了一句。

"姐姐，你到底看到了什么？"小冰被吊起了好奇心，急忙催促道。

"这里写着，'为了维持投资系统的真实性，在玩家登录账户后，会计算货币的时间价值，如果资金不进行投资，就会变少。'"

"啥？这又是什么奇怪的规定？什么又是'时间价值'啊？"

"是'货币的时间价值'，就是指货币经过一段儿时间的投资所增加的价值。这么说你可能觉得有一点儿抽象，你可以简单理解为：在投资这个领域，时间是有价值的！

"在金融市场，人们会利用货币进行一定的投资，所以对于投资来说，今天的钱永远比明天的钱更值钱，因为如果你在明天投资，那么就会损失掉今天投资的这一部分收益。而损失的这部分收益就是货币的时间价值。

"现在也有人将这点引申到广义上，就是时间本身是有价值的，因为你会利用时间做很多事情，当然这是

31

题外话。从狭义上理解，时间这个衡量尺度本身对于经济活动来讲就是有价值的！"

"原来是这样啊！那这个意思就是，我登录了账户之后，账户里的时间一直在流逝，因为货币有时间价值，我没有利用它的时间价值，所以钱就变少了？"

"嗯！你可以这么理解！"

"那这也太坑人了！登录了账户，反而不给奖励吗?"小冰在电话这头气鼓鼓地说。

"反过来讲，你也体验到了现实生活中投资的感觉了呀。这个游戏不仅关注了投资的策略和收益问题，而

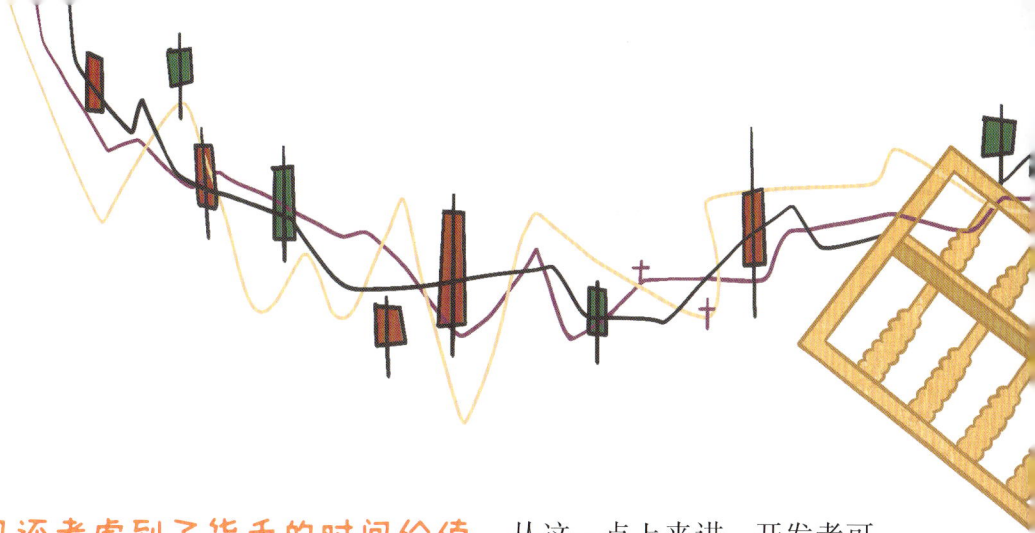

且还考虑到了货币的时间价值。 从这一点上来讲，开发者可以说是非常用心了！玩家既玩儿到了这个游戏，还学到了一个知识，也是非常有收获呀！"姐姐听到小冰不满的语气，笑着宽慰她。

"姐姐说得有道理！至少今天我明白了什么是货币的时间价值，以后要是真的做投资，就可以用上啦！"

小 知 识

货币的时间价值：

指货币经过一定时间的投资和再投资所增加或减少的价值，也称为资金的时间价值。货币的时间价值不产生于生产与制造领域，而产生于社会资金的流通领域。

应用场景

上周，老师组织了"家乡的变化"的主题班会，让大家回去做一些调查，在下次班会上讲给大家听。

班会开始了，大家都积极发言，老师说，讲得好的同学可以得到他准备的一份礼物。班上的气氛一下子就热闹起来了，有人说家乡的道路变了样，有人说房子变得更加现代化，有人说空气变得没有以前那么好了……我给大分享了"钱"的故事，还给大家展示了外婆收藏的 1980 年的 10 元钱。我外婆说，在那时，10 元钱可以买两三袋大米，可以买一家人一个星期的肉和菜，相当于现在的 100 多块钱……

×10

×5

×1

×3

孩子看得懂的经济学

如果我开一家公司

唐鹂鸣 / 著

小井井 / 绘

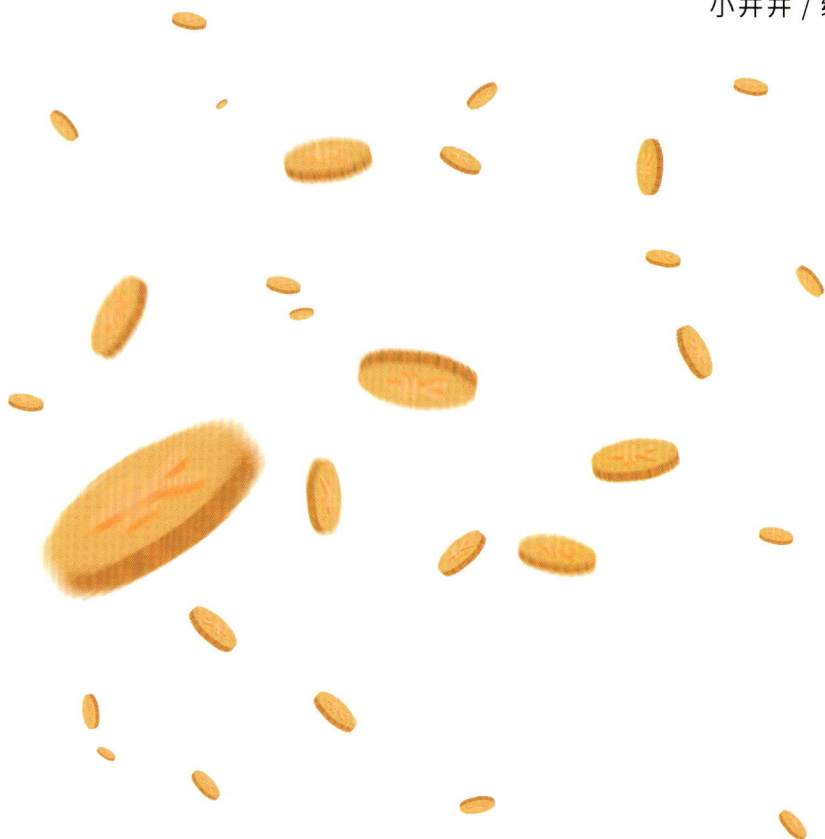

海豚出版社

DOLPHIN BOOKS

CICG 中国国际传播集团

图书在版编目（ＣＩＰ）数据

孩子看得懂的经济学 . 如果我开一家公司 / 唐鹏鸣
著；小井井绘 . -- 北京：海豚出版社，2022.6
ISBN 978-7-5110-6002-0

Ⅰ . ①孩… Ⅱ . ①唐… ②小… Ⅲ . ①经济学－少儿
读物 Ⅳ . ① F0-49

中国版本图书馆 CIP 数据核字（2022）第 096009 号

孩子看得懂的经济学 如果我开一家公司

唐鹏鸣 著 小井井 绘

出 版 人	王 磊	
出 品	丁俊松	
统 筹	郑海波	
策 划	田鑫鑫	
责任编辑	梅秋慧 潘金月	
特约编辑	潘惠同 董晓雪 吕思思	
封面设计	扁 舟 尚丽俐	
装帧设计	杨西霞	
责任印制	于浩杰 蔡 丽	
法律顾问	中咨律师事务所 殷斌律师	
出 版	海豚出版社	
地 址	北京市西城区百万庄大街 24 号	
邮 编	100037	
电 话	010-68325006（销售） 010-68996147（总编室）	
印 刷	北京盛通印刷股份有限公司	
经 销	新华书店及网络书店	
开 本	720mm×1000mm 1/16	
印 张	23.5（全八册）	
字 数	240 千字（全八册）	
印 数	20000	
版 次	2022 年 6 月第 1 版 2022 年 6 月第 1 次印刷	
标准书号	ISBN 978-7-5110-6002-0	
定 价	200.00 元（全八册）	
版 权	daly.ding@chinamediatime.com	

序 言

　　《孩子看得懂的经济学》是一套别出心裁的面向儿童的经济学科普读物。这套书从读者同龄人的视角出发，用贴近儿童生活的生动案例，以图文并茂的形式为读者打开了经济学世界的大门。这套书的定位是儿童读物，但其内容涉及经济学的诸多基础理论，比如厂商理论、消费者理论、外部性、信息不对称等。

　　许多家长可能会有疑问，孩子有必要这么早就接触经济学理论吗？答案是——很有必要。让孩子更早地了解和认识经济学，并不是要让他们学会"斤斤计较"，而是要让他们尝试去思考支配着人们的经济行为背后的逻辑。现代社会的经济活动高度复杂，每个个体都通过经济这张网络紧密地相互联结在一起。用恰当的方式让孩子接触和领会经济学原理，能够为孩子提供一个认识经济、认识社会，最终认识自己行为的思维起点。

　　更重要的是，要让孩子逐渐理解他（她）所做的每一个选择都有相应的收益和成本。成长的过程就是孩子逐渐发现自己的"目标函数"的过程，即从其所关切的目标出发，然后赋予每个选择所对应的"收益"与"成本"的过程。如果孩子具备一些经济学思维，他（她）在确立自己的人生目标之后，就更可能"理性"地去选择最能实现其人生价值的成长道路。

　　最后，我诚挚地向大家推荐这套优秀的经济学科普读物，相信不会令读者失望。

厦门大学经济学院、王亚南经济研究院助理教授

高岭

目 录

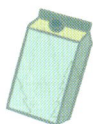

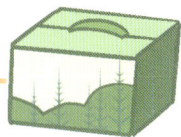

从外婆家①来后不久，

小冰的姐姐沈小霜就去上学了，

沈小冰一个人在家非常无聊，

正巧姐姐发现了一款开公司的

模拟经营类游戏，

这让小冰雄心勃勃地开启了她的"商业帝国"计划……

基本工资提高不一定会提高效率

"姐姐，最近有什么好玩儿的吗？"

寒假一过，姐姐沈小霜先去上学了，只剩下还没开学的沈小冰一个人在家里百无聊赖。

"小冰，你是一个人在家里待得无聊吗？你还别说，姐姐这边正好有一个好玩儿的东西——"姐姐小霜在电话那头拉长了声，吊足了小冰的胃口。

"是什么？姐姐，你快告诉我！"

"姐姐最近玩到了一款画面非常好看又很好玩儿的游戏。这款游戏主要是教你如何来经营一家公司，姐姐觉得，这对接受过这么长时间经济学知识熏陶的你来说，玩起来一定非常得心应手！"

姐姐的话成功激起了小冰的好胜心："姐姐，我一定要在这款游戏中做到最好！"

"那你可要下一番功夫了！"姐姐听到小冰的话不禁笑着说，"首先，你就要试着打败姐姐呀！"

"那我就先要跟姐姐竞争一下了！"小冰斗志满满，等姐姐一说完，就赶紧找妈妈下载了游戏。

"这款游戏虽然能让你长知识，但是每次也不能玩儿太长时间，注意保护视力。"妈妈同时不忘叮嘱小冰。

刚打开游戏界面，她就被好看的画面吸引住了。

这虽然是一款教玩家如何开公司的模拟经营类游戏，但是它的界面却不像一般模拟经营类游戏使用统一的装修风格，而是根据不同类型的公司，为玩家提供了不同款式的装修。

如果这是一家售卖少女服装的公司，那么整体的风格就是以粉紫色为主，天真烂漫；如果这是一家

高级酒店或者商务酒店，色调就会以黑、白、棕色为主，看起来更加沉稳大气。

除了界面精良，游戏的设计也颇具生活性。**在开公司之初，系统会给玩家一笔启动资金，随着公司规模的扩大，有了盈利之后，如果有多余的资产，就可以用来再开一家新公司。**

总之，这款游戏既兼顾了美观，又兼顾了可玩性，光是探索游戏里面的经营系统，就让小冰兴奋不已。所以，小冰立刻开启了游戏。

在被姐姐半年多的经济学知识灌输之后，小冰现在可谓是"心怀天下"，迫不及待地想要打造她的"商业帝国"了。

小冰拿到游戏发放的第一笔启动资金之后，思来想去，决定先开一家自己熟悉的公司。

什么公司小冰会比较熟悉呢？

小冰在纸上列了一排：蛋糕、文具、服装……

如果是做蛋糕，既要担心库存的问题，还要研制新品，而经营文具又很难做大。思来想去，开头比较容易的，就属只需要考虑

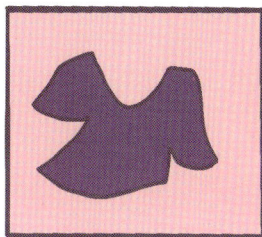

销售和存储的服装公司了。

所以，小冰的"商业帝国"也由服装

公司开始了。

决定开服装公司之后，小冰交了店面租金，

进了一批货，又雇了一名员工，她的商业之旅由

此正式开始。

活力值

活力值

　　由于只有一名员工，大部分时间小冰还要亲力亲为。**由于小冰的服装公司位置好，渐渐地，来店里的顾客越来越多，在客流量又翻了两番的时候，小冰又雇用了一批员工。**

考虑到已经建立起比较完善的管理制度，小冰就把公司的运营工作逐渐下放，人手虽然多了，但每个人的工作量却不减反增，员工也比以前更忙碌了。为此，小冰还在心里暗自得意了一下，"这下可以当个甩手掌柜了！"

但是，小冰当了一阵子甩手掌柜后，突然发现员工的工作效率并没有因为工作量增加而提高，反而下降了。

这可大大影响了小冰公司扩张的宏图伟业。

想一想

如果你是一家公司的老板，你会如何激励员工？是通过加工资的方式还是通过升职的方式呢？如果是加工资，你会全部都增加，还是有选择性地给一部分人增加呢？你又会如何选择这部分人呢？

思来想去，小冰决定给员工加工资！小冰一边这么想着，一边点开了增加员工基本工资的按钮。

刚开始，公司里的员工看到工资上涨了，恢复了一段时间的积极性，无论是进货还是销售效率，都按小冰预想的标准提高了。

但是过了一段时间，小冰发现大家的积极性又降低了。

"不能再涨工资了吧？"小冰心里开始发愁，她决定向姐姐小霜"战术性低头"，请教一下有什么办法"妙手回春"。

"姐姐，姐姐，为什么我公司的员工涨工资了，他们还是不认真干活？"小冰在电话里向姐姐抱怨。

"我们小冰不是说要战胜姐姐吗？怎么没一会儿就用场外援助机会来问姐姐了？"小霜听到小冰的求助，忍不住笑着调侃一番。

金币值

"哎呀，姐姐，你快别说我了，这一个小问题我都解决不了，这样下去我都感觉我的公司要倒闭啦！"

"好好好，姐姐来帮你看看是哪里出了问题。首先，姐姐想问问你，你这个增加的工资，是加在基本工资还是绩效工资上呢？"

"等等，我看看……啊，我加的是基本工资！不过，这两个有什么区别呢？"小冰在电话里困惑地问道。

"基本工资就是公司员工所得工资额的基本组成部分，用通俗点儿的话讲，就是只要你干活就可以拥有的工资。而绩效工资是以对员工绩效的有效考核为基础发放的工资，也就是说，你干的活儿越多，绩效工资就越高。"

"那照这么说，是不是提高绩效工资，我的员工才有动力提高效率呀？我这两天都愁死了，工资提高了，进货、销售效率反而和没提高之前一样，这怎么行？"

"那……小冰，你知道为啥会出现这种情况吗？"听到小冰发愁，姐姐决定再给小冰上一堂经济学课程，让小冰不仅知其然，更知其所以然。

"为什么？"

"你听说过'大锅饭'这个词吗？"听到小冰在电话那头沉默了一下，姐姐知道又到了科普时间，"'大锅饭'是我国二十世纪六七十年代的现象，劳动分配和粮食分配不像以前由每家每户做主，而是由公社、生产队统一掌管。连每天吃的饭都由生产队统一在食堂做好，每家派一人去领，每个人分到的饭菜都是一样的。

"在绝对平均的分配下，大家都发现，干活多的人费了很大力气，却没有得到更多好处，最后都不愿意干活了。这个现象在经济学上还有一个词来形容，叫'搭便车'效应。"

"啊！我明白了！我的员工没有绩效工资，等于是姐姐说的'大锅饭'和'搭便车'，这个时候，大家都不会想着多干活，只把能干的部分干完就行了，所以效率也提升不上来！"

"对！小冰现在都会从姐姐的概念里举一反三了！真厉害！"

小冰听着姐姐的夸奖，十分得意地把绩效工资那里的 0 做了调整。不一会儿，小冰就看到衣服的销售迈上了新台阶。

"看来以后我还是要多多向姐姐请教。"为了自己公司的发展，小冰在心里暗暗下定决心。

基本工资：

劳动者基本工资是根据劳动合同约定或国家及企业规章制度规定的工资标准计算的工资，也称标准工资。在一般情况下，基本工资是职工劳动报酬的主要部分。

绩效工资：

绩效工资分为广义绩效工资和狭义绩效工资，广义绩效工资又称绩效加薪、奖励工资或与评估挂钩的工资。用马克思的三种劳动论来说，绩效工资主要是根据员工的第三种劳动即凝固劳动来支付工资，是典型的以成果论英雄，以实际的、最终的劳动成果确定员工薪酬的工资制度。

搭便车效应：

搭便车效应是指在利益群体内，某个成员为了本利益集团的利益所做的努力，集团内所有的人都有可能得益，但其成本则由这个人承担。

应用场景

爸爸今天来接我放学回家，路上我看到一只大大的棕熊人偶正在派发传单，只是这只"棕熊"看起来没什么精神，许多人路过他的身边，他也不主动派发。我拉了拉爸爸的衣袖，让他看那只不想派发传单的人偶。爸爸笑着告诉我，不论棕熊人偶今天派发出去多少传单，他的基本工资都不会改变，所以他才不积极。但如果没有基本工资，那也不会有人愿意去当人偶派发传单了。

妈妈非常鼓励我做家务赚零花钱，她愿意每个月按一定的"工资"雇用我"工作"。有自己的"工资"意味着可以买到自己想要的东西，我欣然接受了妈妈给我的工作。但渐渐地，我发现，即使我的工作量超出了妈妈的规定，我每个月得到的报酬也一样。我有些沮丧，妈妈安抚我说，以后，如果我不仅完成了规定的工作量，还能完成更多的家务，超出的部分，就算作我的绩效工资，做得越多，得到的报酬也就越多。听完妈妈的建议，我工作的热情又回来了！

2. 如果只是一味模仿别的公司会怎样？

差异性产品的提供有助于提高竞争力

经过上次和姐姐的讨论，小冰充分认识到，在模拟游戏中，姐姐是个实实在在的"专业企业家"。自己要想真的打造起"商业帝国"，还需要向姐姐多多学习！

确定了这点之后，小冰每次做商业决策之前，都会悄悄地看一眼姐姐的公司在做什么。 这点被姐姐发现之后，姐姐还曾笑过小冰，说她开了姐姐公司的"子公司"。

"姐姐你别笑，现在我是在模仿和学习，等过段儿时间我一定可以超过你。" 小冰有点儿不服气地和姐姐辩解。

但是，姐姐的嘲笑并没有改变小冰模仿的决心，事实也证明，姐姐公司的决策多半都是最优解。所以，每当游戏里的"小助理"问下一步指示的时候，小冰都会去偷偷看一眼姐姐公司的决策。

秋去冬来，游戏世界中的春节到了，整个界面都换上了新年时的装扮，初雪之下到处都是喜气洋洋的红色。春节，也就意味着服装公司到了一年中最重要的营收季节。

胸怀大志的小冰自然是不会放过这次机会，她也想在这一季的营销当中努力超过姐姐。

所以当系统里的小助理"叮"地一下跳出来，问她过年之前的销售季需要进哪些货的时候，小冰第一时间想到观察一下姐姐的公司。

点开姐姐公司的界面，小冰发现姐姐的公司早已经准备好过年时要卖的货了，并且已经卖了一段儿时间。

这下可好了，小冰在心里得意地想，正好可以根据姐姐卖货的经验和所卖的产品来抄一抄。

小冰认真观察姐姐新进的衣服的销量。经过仔细地调查统计，她发现姐姐公司里的一款连衣裙卖得非常好，一天居然可以卖出二十多条。

要是购进了这款连衣裙，再加上其他正在卖的裙子，说不定这一季的销售还真的有可能超过姐姐呢！小冰心里打着小算盘，十分得意，连忙安排员工去进货。

把一系列进货的工作安排好，小冰就等着新年的大丰收了。

 — P K —

 想一想 -

　　假如你是一家公司的老板，在决定这一季的生产与销售计划的时候，你是更倾向于选择和对手公司差不多的产品，还是不一样的产品呢？还是介于两者之间？

×6 ×5 ×6

×3 ×10 5

确认进货

但是，小冰很快发现事情并不简单。

她购进的这一批衣服，销量都可以说是平平无奇，比起姐姐的业绩，更是差了一截。特别是那款在姐姐公司里面大放异彩的连衣裙，在小冰这里，销量居然比其他的裙子还稍弱一些。

这到底是怎么回事儿？小冰看着公司的销售数据，一下子傻了眼。

从之前对姐姐公司的调查来看，这一批连衣裙明明应该就是今年的流行款呀，怎么到我这里就卖不动了呢？

小冰刚想下意识地求助姐姐，但是因为上一次模仿姐姐公司的决策太多，被姐姐戏称为子公司的事情还历历在目，小冰决定先靠自己的力量来解决公司的问题！

她盯着电脑里的报表，仔仔细细对比了姐姐的公司和自己公司的情况，发现每次只要姐姐那里衣服的销量上去，自己这里的销量就会降下来。看来，游戏里的顾客会更习惯去上新更快的姐姐的店里挑选服装。

那这个时候，自己进的货如果与姐姐一样，那就更没有机会卖掉了。只有在姐姐那里找不到心仪的衣服的时候，顾客才会到小冰的这里来看一看。

小冰一个人捋清了这些情况，顿时觉得自己十分聪明，摸索到了"商业帝国"迈向成功自主的第一步。

那么第二步呢，自然是应该怎么样解决这个问题了。

"要不我再去进一批连衣裙吧。"小冰想。**毕竟有姐姐的公司引领的潮流在先，再进一些有相似之处的连衣**

裙，应该是一个相当稳妥的决策了。

于是，小冰选了一些和姐姐公司里连衣裙相似的款式摆上货架。

这下，小冰公司的服装销量比之前要好了一些，但是也依然没有质变的提升。而姐姐那边还是一如既往，卖得如火如荼。

这下可把小冰给急坏了！眼看着过年前的销售期快要结束了，小

冰愁得像热锅上的蚂蚁，赶紧暂停了游戏的时间。看着自己公司的业绩和姐姐公司的业绩形成了鲜明的对比，小冰有一些不甘心地按下了和姐姐的通话键。

在几声铃响之后，姐姐接起了电话。还没跟小冰说话，她就在电话那头笑了起来，一开口便猜到了小冰的目的："小冰呀，你是不是想来问姐姐你公司的销量和姐姐公司相差的原因呢？"

原来，不仅是小冰关心姐姐公司的一举一动，姐姐也十分关心小冰公司的一举一动。小冰这惨淡的销售业绩，可被姐姐尽收眼底了。

这下在姐姐面前，小冰也没有什么可以掩饰的了，便一五一十地给姐姐说了自己在公司决策上面的心路历程。

"姐姐，我就想知道，我做的决策到底错哪儿了？**明明我跟你卖的是一样的衣服，但是最后我的销售额却比你要少这么多。**"

"哈哈，姐姐只是简单运用了一些经济学的原理罢了。"

"那姐姐能不能用经济学告诉我，为什么我的公司销量如此惨淡呢？"

"那你还真的问对了！**其实经济学上有一个名词，叫作'同质化产品'。这个词的意思就是说产品的质量和类型都是一样的，比如，盒装牛奶多是极度同质化的。**

"**一般来说，在食品上同质化并没有什么问题，因为食品原本就需要符合一定的标准。但是对于服装这种用来追求个性的产品来说，一旦市场上的同质化产品过多，那么后进入市场的商家就失去了他们的核心竞争力。**

"你觉得我卖得好的那款连衣裙，刚刚被放到货架的时候，它对于顾客来说是一件新的商品。但是当姐姐已经卖了一段儿时间之后，这款连衣裙对于大部分的顾客来说已经不新鲜了。这个时候，想买的人都已经买到手，剩下的人对这款连衣裙的购买意愿就很一般了，甚至没什么购买意愿。这时你再卖这款连衣裙，就失去了跟姐姐在市场上竞争的优势。

"**所以，作为决策后进的公司，其实更需要考虑上架一些有差异化的产品。**比如，姐姐卖的是优雅知性的裙子，你就可以卖一些中性风格的衣服和裤子。"

"我那是因为看到姐姐卖得好，觉得这是一个潮流趋势，所以……"小冰不禁有点儿委屈地撇撇嘴。

"姐姐明白，对于你来说，公司是起步阶段，所以更想尝试一些比较稳妥的销售和进货方案。但是商业本身就是风险和收益并存的，要打造自己的'商业帝国'，那首先要走出一条自己独立的商业决策之路！"

　　"我明白了，姐姐！"小冰听完姐姐的话，赶紧调整了自己的经营策略，购进了一些之前甚至都不在她考虑范围内的衣服。令她惊奇的是，这些衣服上架之后，不一会儿，销量也跟着奇迹般地涨了上去。

"看来姐姐的经济学理论确实有效，但现在离我的'商业帝国'还有很长一段路要走啊！"小冰不禁感叹起来。

小 知 识

同质化：

同质化是指同一大类中不同品牌的商品在性能、外观甚至营销手段上相互模仿，以至逐渐趋同的现象。在商品同质化基础上的市场竞争行为被称为"同质化竞争"，即指某个领域存在类型、制作手段、制作流程、传递内容大致相同的各类信息的现象。

应用场景

　　新出的星球 T 恤特别好看，它是最近热播的动画片里的主角穿的衣服，T恤上藏蓝色的前胸印着大大的火星和其他行星。而且我发现班上已经有好几个同学有这样一件星球衫了，我也很想有一件。在我的软磨硬泡之下，妈妈终于答应给我买一件了。穿上新买的衣服，我感觉自己轻飘飘的，浑身都充满了快乐的能量。可是没过多久，我发现星球主题的物品越来越多，星球运动鞋、星球书包、星球文具袋……大大的星球似乎入侵了我生活中所能见到的一切。随着星球元素的产品越来越多，我开始感到无聊——服装、鞋子、文具……它们其实看起来都差不多。你能告诉我这是为什么吗？

提高招聘标准也会增加对手的成本

和姐姐讨论完进货策略之后，小冰意识到自己不能再亦步亦趋跟着姐姐学，这样下去永远不能玩儿出这个游戏的精髓所在。

小冰痛定思痛！算算离开学尚早，自己又完成了全部的寒假作业，可以好好研究一番这个游戏了。

这下，小冰的注意力可就不仅仅放在了游戏的界面装饰上，对游戏的各个部分和运行机制的细节也一一研究了一番。在小冰的不懈努

全员减薪？

力之下，公司也逐渐步入正轨，终于成为和姐姐公司规模相差无几的公司。

对于自己的这番努力，小冰是非常自豪的。

但是很快，小冰和姐姐的公司都发展到了瓶颈阶段。不仅销售量几乎毫无波动，而且因为规模扩大导致管理成本提高，利润率因此降低了一些。

在这种情况之下，小冰和姐姐做出了完全不同的决策。

小冰的做法延续了她一贯直来直去的风格，解决的办法是压缩管理层的工资标准，通过压缩工资降低公司的运营成本。

而姐姐的做法正好和小冰相反，她反而提高了管理层的工资标准，聘用了更有经验的员工来运营公司。

看着姐姐的做法，小冰在心中暗暗得意，这次肯定能超过姐姐了！

在小冰眼里，降低工资意味着实打实的运营成本下降，如果聘用经验更加丰富的管理人员，不知道赚的钱能不能抵上他们的工资呢！

果然，刚刚调整完的时候，小冰公司的资金情况得到了一定好转，利润率更是有了一段时间的增长，公司的规模甚至一度超过了姐姐。因此，这段儿时间，每个游戏月月末小助手报账的时候，也是小冰最得意的时候。看着屏幕上小助手笑眯眯的表情，小冰的脸上也一直挂着笑容。

但是，过了一段儿时间，小冰发现管理层的员工逐渐开始提出离职。起初只是一两个新晋管理层的年轻员工离职，后来就连在公司待了很久的骨干也陆续提出离开。

公司管理层人员的变动让小冰的公司陷入了一片混乱，时不时就会出现这样那样的运营问题，公司的运营成本"嗖"地上升了好几个台阶。

陷入困境的小冰急忙开始招聘相关的管理人员。但是不招不知道，一招吓一跳，小冰发现，按照以往自己发工资的标准，根本招不到和公司之前的管理人员同样经验丰富的人了。

选 他 ？

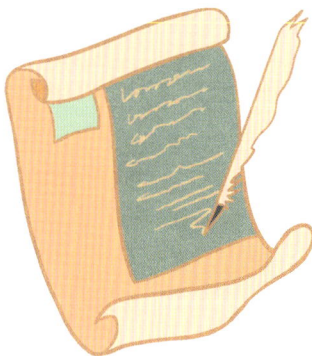

选 她 ？

想一想 ···

　　假如你是公司的老板，现在你收到两份儿简历：一位应聘者经验和综合能力都不高，但是同时要的工资也低；另一位应聘者经验和综合能力都很高，同时要的工资也高。你会聘用哪一位呢？

　　如果以上信息你还是无法确定，那么可以分别思考，如果这份儿工作技术含量并不高，收益也较为固定，那么你会选择哪一位？如果这份儿工作技术含量非常高，收益也更依赖个人能力的话，你又会选择哪一位呢？

这下小冰可陷入了艰难的抉择——

如果要维持以前的管理水平，小冰就要多花一大笔钱，再加上之前因处理公司管理混乱的问题导致业务停滞，好不容易和姐姐拉开的优势会荡然无存，甚至可能会因此被姐姐赶超一大截。

如果要维持现有的管理人员的支出水平，那小冰就不得不聘用水平相对较差的管理人员，公司运营效率肯定会有所下降。

思前想后，小冰想起了之前降低运营成本之后带来的利润增长，还是决定一如既往地压缩运营成本，聘用经验更少的管理人员。

但是，公司并不如小冰预想的那样，一如既往地维持之前的大好态势。小冰的公司经营情况虽然比之前人员大幅离职时好了一些，但是因为管理人员水平下降，时不时会有很多问题出现，降低了公司的运营效率。

再次收到公司月报的时候，小冰的心情就像窗外的雨天一样低落——这个月的利润增长率不到之前的五

分之一！

　　让小冰沮丧的事情还不止这一件，看完自己公司的月报之后，小冰又去看了看姐姐的公司。**她发现，和之前缓慢爬升不一样，姐姐公司的营业收入居然有了极大的飞跃！**

　　这可大大出乎了小冰的意料。

　　犹豫之下，小冰再次拨通了姐姐的电话。

电话刚一接通，小冰就听到姐姐神神秘秘地问道："小冰，你知道姐姐的公司为什么能够'逆袭'吗？"

"不知道，姐姐你快和我说说为什么呀！"小冰急切地问道。

"告诉你的话，姐姐有什么好处呢？"姐姐继续逗着小冰。

"等姐姐回来我……我请姐姐吃好吃的！"小冰毫不犹豫地脱口而出。

"好啦好啦，姐姐也不继续逗你了，我了解你公司的现状，之所以出现现在的问题，**是因为你忽略了除了商品市场之外，还有劳动力市场的存在。**"

"'劳动力市场'？那是什么呢？"小冰又听到了一个新名词，不禁拉长了耳朵。

"劳动力市场指的就是劳动力买卖或者交易的市场。劳动力指的就是有劳动能力的人。在这个市场上，人们通过出售自己的劳动力来换取财富。"

"那我怎么没有感觉到这个市场的存在呢？"小冰大大的眼睛里充满了困惑。

"因为你还没有进入劳动力市场，自然是感觉不到的。等你再长大一些，周围就会有人提起找工作的事情，找工作就是指人进入劳动力市场啦。"

"那……这和我的公司经营又有什么关系呢？啊，等等！我好像明白了，是不是我公司聘用的员工和劳动力市场有关系呀？"

"是的，你终于意识到啦！**之所以被称为劳动力市场，是因为在聘请人员方面，劳动力的价格也是会随着市场的供求关系而发生变化的。**

"**比如，你的竞争对手在聘用一些较为稀缺的人才时开价比较高，这会导致劳动力市场上这类人才的工资水涨船高。在这种情况下，你再用以前的工资来聘请相同的人才，他们肯定就不会选择你了呀。**"

"我明白了！怪不得姐姐看到我削减员工开支的时候一点儿也不着急，原来是因为这个！"小冰气急败坏地在电话里嚷嚷。

普通人才

听到小冰在电话那头大喊大叫，姐姐"扑哧"一下笑了出来："你说得很对，这是个重要的原因。因为我调高了管理人员的工资之后，劳动力市场的工资也会随之上涨，所以你压低员工收入的策略会失败。

"不过，小冰，你反过来想一想，**通过降低员工的工资来降低运营成本，这本来就是改进空间很小的策略。而且你自己肯定也发现了，聘用了不太优秀的员工之后，运营效率和成功率也大幅下降了。长期而言，这是非常不利于公司发展的。**你还不如趁此机会对经营策略做个大调整。人可不能只顾眼前利益而损害未来发展呀！"

小冰听了姐姐的解说，觉得很有道理。看来，开公司真是个技术活儿！现在寒假要结束了，自己也要收收心，准备精神饱满地进入新学期。专业知识与技术的作用体现在方方面面，自己还是需要多多努力学习呀！

特殊人才

劳动力：

劳动力有广义和狭义之分。广义上的劳动力指全部人口，狭义上的劳动力则指具有劳动能力的人口。在实际统计中，考虑劳动年龄和劳动能力两个因素的指标有劳动年龄人口和社会劳动力资源总数。

劳动力市场：

劳动力市场亦称"劳务市场"，指劳动力买卖或流通的领域，是生产要素市场的重要组成部分。

应用场景

　　每周三的下午都是我们小组打扫卫生的日子，我们需要合作打扫教室卫生，收拾班上的公共用品，处理打扫的垃圾等。今天，又轮到我们小组打扫卫生了，小组里的每个人都在认真干活，做好自己负责的工作。差不多打扫完毕，我们请检查卫生的老师过来验收成果。卫生老师在教室里转了一圈儿，仔细看了看、摸了摸桌面，夸我们小组干活都很认真，说我们将来都是能够成为合格的优秀劳动力，能够成为为社会创造相应价值的人。

孩子看得懂的经济学

消息也能
变成钱

唐鹇鸣 / 著

小井井 / 绘

海豚出版社
DOLPHIN BOOKS
CICG
中国国际传播集团

图书在版编目（ＣＩＰ）数据

孩子看得懂的经济学 . 消息也能变成钱 / 唐鹏鸣著；
小井井绘 . -- 北京 : 海豚出版社 , 2022.6
ISBN 978-7-5110-6002-0

Ⅰ . ①孩… Ⅱ . ①唐… ②小… Ⅲ . ①经济学 – 少儿
读物 Ⅳ . ① F0-49

中国版本图书馆 CIP 数据核字（2022）第 096013 号

孩子看得懂的经济学　消息也能变成钱

唐鹏鸣　著　小井井　绘

出 版 人	王　磊	
出　　品	丁俊松	
统　　筹	郑海波	
策　　划	田鑫鑫	
责任编辑	梅秋慧　潘金月	
特约编辑	潘惠同　董晓雪　吕思思	
封面设计	扁 舟　尚丽俐	
装帧设计	杨西霞	
责任印制	于浩杰　蔡 丽	
法律顾问	中咨律师事务所　殷斌律师	
出　　版	海豚出版社	
地　　址	北京市西城区百万庄大街 24 号	
邮　　编	100037	
电　　话	010-68325006（销售）　010-68996147（总编室）	
印　　刷	北京盛通印刷股份有限公司	
经　　销	新华书店及网络书店	
开　　本	720mm×1000mm　1/16	
印　　张	23.5（全八册）	
字　　数	240 千字（全八册）	
印　　数	20000	
版　　次	2022 年 6 月第 1 版　2022 年 6 月第 1 次印刷	
标准书号	ISBN 978-7-5110-6002-0	
定　　价	200.00 元（全八册）	
版　　权	daly.ding@chinamediatime.com	

序 言

《孩子看得懂的经济学》是一套别出心裁的面向儿童的经济学科普读物。这套书从读者同龄人的视角出发，用贴近儿童生活的生动案例，以图文并茂的形式为读者打开了经济学世界的大门。这套书的定位是儿童读物，但其内容涉及经济学的诸多基础理论，比如厂商理论、消费者理论、外部性、信息不对称等。

许多家长可能会有疑问，孩子有必要这么早就接触经济学理论吗？答案是——很有必要。让孩子更早地了解和认识经济学，并不是要让他们学会"斤斤计较"，而是要让他们尝试去思考支配着人们的经济行为背后的逻辑。现代社会的经济活动高度复杂，每个个体都通过经济这张网络紧密地相互联结在一起。用恰当的方式让孩子接触和领会经济学原理，能够为孩子提供一个认识经济、认识社会，最终认识自己行为的思维起点。

更重要的是，要让孩子逐渐理解他（她）所做的每一个选择都有相应的收益和成本。成长的过程就是孩子逐渐发现自己的"目标函数"的过程，即从其所关切的目标出发，然后赋予每个选择所对应的"收益"与"成本"的过程。如果孩子具备一些经济学思维，他（她）在确立自己的人生目标之后，就更可能"理性"地去选择最能实现其人生价值的成长道路。

最后，我诚挚地向大家推荐这套优秀的经济学科普读物，相信不会令读者失望。

厦门大学经济学院、王亚南经济研究院助理教授

高岭

目录

春节到了，爸爸妈妈也放了假。

在难得的小长假里，

沈小冰一家准备一起去邻市的景点旅游，

在路上却发生了这些事儿……

1. 信息不对称的市场

劣币驱逐良币

忙完年之后，春节假期也一天天临近了。**终于在除夕夜，小冰一家人聚在外婆家里，看着电视、包着饺子，聊着天、吃着饭，其乐融融。**

一家人一边吃饭，一边商量着小长假的行程。第一天自然是到各位亲戚家走动走动，第二天爸爸和妈妈都想去和朋友们吃个饭，可是第三天之后的行程完全是空的。

家里几个人一合计，不如去临市的景点逛一逛吧！

怎么去呢？

外婆他们年纪大了，坐火车这样的公共交通工具会觉得有些累，最后，姐姐小霜建议租一辆车，一家人出去自驾游。

但是，关于如何租车这件事情，爸爸和小霜产生了不同的意见。

小霜觉得可以从网上租车，而且要选具有一定保障的大型平台，比如车在途中出了问题可以定点维修，可以看到车的定期维护记录。最重要的是，一定要选择对于旅途中出现抛锚或其他意外情况，有相应的明确索赔条款的线上平台。

爸爸却觉得网上的车看不见，摸不着，还不如自己在线下租车公司找一辆。更何况线下的租车公司肯定比拥有这么多条条框框规定的大型线上平台容易讲价，而且找个本地线下租车公司的车还可以试一试手感。

小霜和爸爸谁都说服不了对方。最后，爸爸一拍大腿："车是我来开的，你们只管坐车就行了，一切问题由我负责！我先去附近的租车公司租一辆。小霜，你就别再问了，我跟你们保证，绝对没问题！"

小霜看着爸爸信誓旦旦地拍着胸脯，不由得默默叹了一口气。

当天下午，爸爸就打算去租车的公司看一看。小霜见说不动爸爸，只好拉上小冰陪爸爸一起去。

在租车公司，爸爸挑中了一辆SUV，跑了两圈儿觉得手感不错，正准备交钱时，被小霜一个箭步拦住了："你们公司租出去的车如果发生问题，有什么相应的补偿措施吗？"

"我们只能承诺给您回收车辆，或者有空车的时候给您换一辆。但是不方便补偿，毕竟无法判断到底是顾客造成的问题，还是车辆

原本就有问题，我们并没有相应的措施。"

"哎呀，小霜，你就别管这么多了，这不是还有爸爸嘛。"爸爸在旁边拍了拍小霜肩膀，"别担心，车不像是有问题的那种。"

"姐姐，要不咱们先听爸爸的话？"小冰在一边拉了拉姐姐的衣角。

"那要是出了什么问题，我可就不管了！"小霜对爸爸漫不经心的态度非常生气，对小冰的"敌我不分"也非常无语。

"没事的，爸爸知道你考虑得周全，这次就相信爸爸！"爸爸摸了摸小霜的脑袋，交了钱，拿过车钥匙，开车带着姐妹俩回了家。

假如你在帮学校布置展览，需要买一幅画，你会在意这幅画画完多久了吗？

那如果是租一套颜料自己画呢？你会在意这套颜料使用了多久吗？

租好了车，旅行的准备工作就完成了一半。当天晚上，小冰一家就收拾好了行李，第二天一早，在外婆家吃完一顿美美的早饭之后，全家踏上了春节小长假的旅程。

路上，一家人坐在车里吃着各种零食，一边观赏沿途的风景，一边聊着平日里的趣事，一路上欢声笑语。

爸爸作为主要策划人之一，开着车，哼着小曲儿，心里得意极了。

但是，这一份儿好心情并没有持续多久，吃完晚饭之后，**爸爸坐进车里，转动车钥匙，准备启动汽车，却只听到发动机"突突"了两下，紧接着居然没声了。**

"这是怎么回事？"爸爸吓了一跳，赶紧又启动一次，这次发动机又是"突突"了两下，接着又没反应了，和上次一模一样。

爸爸只得第三次启动汽车，这一次发动机连响都没响，彻底熄火了。

爸爸只好让大家先下车，然后打开发动机盖，仔细查看了一番。研究了半天也没研究明白，爸爸赶紧给租车公司打电话，但是，电话那头的甜美女声却无情地表示："你们现在离我们公司太远了，没法叫人去修理。你们可以把车放在原地，让我们公司的人去取，或者就在当地找一个修车公司，修车费用我们

给你报销。"

但是这人生地不熟的，上哪里去找修车公司呢？耽误的行程又怎么办呢？爸爸抹了一把头上的汗。

但电话那头只是一再抱歉。

一家人就这样因为发动机熄火被困在了人生地不熟的县城里。

最糟糕的是春节假期，街上的出租车很少，一家老小只好拖着行李，走了两三公里才找到一个公交站，晃晃悠悠地坐车回到了宾馆。

好不容易到了宾馆，大家都被折腾得连话都不想说了。

今天住宿的问题算是解决了，那明天怎么办呢？爸爸在一边发愁。

"爸爸要不要试一试我的提议呢？"小霜拿着手机，指着上面的租车 APP 朝爸爸晃了晃。

爸爸虽然觉得网上的东西不太靠谱，但是事到如今，死马也得当活马医了，无论怎样都得试一试。好在这个 APP 上显示，在离小冰一家住的宾馆不到一公里的地方，就有一个提车点。爸爸在手机上下了单，带着小霜叫了辆出租车，准备去提车。

这一次爸爸谨慎了许多，对选中的车左看看，右看看，还打开了车前盖，仔细检查了每一个部件，生怕再出现抛锚之类的状况。

看到爸爸这么谨慎，小霜在一旁笑着安慰道："咱们要去的地方，有好几个这样的提车点。即使有问题了，后面也有补救的机会。"

这辆车并没有如爸爸担心的那样又出现问题。开了两天后，爸爸终于放下心了。

"小霜，你为什么那么反对我去不规范的小租车公司呢？好像你早就知道会有问题。"在路上，爸爸一边开着车，一边问小霜。

"爸爸，你知道有个词叫'柠檬市场'吗？"

"'柠檬市场'是什么意思？专门卖柠檬的市场吗？这跟车有什么关系？"好奇的小冰听到这个词，从后排探出了头。

"'柠檬市场'这个词其实跟我们知道的'柠檬'并没有直接的关系，只是在美国的俚语中，柠檬还有'次品'的意思。所以柠檬市场指的就是次品市场。市场上之所以充满次品，是因为产品的卖方比买方对产品的质量拥有更多的信息。比如车行老板，就比咱们更了解这辆车的真实情况是什么样的。"

"那为什么一方比另一方知道更多的信息，它就会变成次品市场了呢？"小冰顺着姐姐的话接着问。

"因为我们不知道产品质量这方面的信息，只能按平均价格对这些车估价。**在次品和优品都存在的市场上，如果按平均价**

格把优品的车租借给你，那么租车公司就会得到更少的收益；反之，租借给你次品车的公司会获得更多的收益。

"在这种情况下，次品的车会逐渐占据整个市场，而优品的车就会在这个市场中被淘汰，这就是所谓的劣币驱逐良币。"

"所以你让我去管理规范、运营规范的大型租车平台，是这个原因呀？"

"对，尽管大型租车平台的价格贵一点儿，但是由于价格提高，他们的售后和保险服务比单个城市的小型私人租车公司要到位许多，在这种情况下，租到的车的质量通常也要好很多。"

柠檬市场

"看来有些时候，还真是不能只根据经验来判定啊。"

爸爸听了小霜的话感叹道，"要是早点儿听你的，我就不会去花那笔冤枉钱了！"

小 知 识

柠檬市场：

是指信息不对称的市场，即在市场中，产品的卖方对产品的质量拥有比买方更多的信息。在极端情况下，市场会止步萎缩和不存在，这就是信息经济学中的逆向选择。

柠檬市场效应：

是指在信息不对称的情况下，往往好的商品遭受淘汰，而劣等商品会逐渐占领市场，进而取代好的商品，并最终导致市场中存在的都是劣等商品。

应用场景

爸爸带着我和叔叔去逛了二手车市场，最后叔叔决定还是买新车。我问爸爸为什么，二手车不是更便宜吗？爸爸说："同样年限、配置的二手车，价格和车况千差万别。因为车辆理赔等信息不透明，我们很难评估车的真正价值，只能通过压低价格来避免风险，而卖家也不会吃亏，自然不愿意提供高质量的产品，所以我们很难买到好车的。"

今天和妈妈去了赶集市场，听说市场上的东西新鲜又便宜，妈妈精挑细选买了很多。刚一到家，妈妈便向爸爸汇报今天的"战利品"，谁知当场"翻车"。正在妈妈说着大米多好多便宜的时候，爸爸把手伸进袋子底部抓上来一把，发现大米里竟混着白色小沙子，大小、颜色都和大米差不多，不细看都看不出来。妈妈懊悔及了，转头就要去找卖米的老板理论。

2. 什么都不知道的人容易多花钱?

信息不对称会让人花费额外成本

租车风波过去之后，一家人终于又继续踏上旅途。**一开始，爸爸还因为车的问题有些担忧，但是一路上的美景，让大家逐渐忘记了先前的风波与劳累。**

这天，小冰一家早早起床，准备去深山里的一处景点。

在出发之前，小霜和爸爸就已经做好了功课。这座山叫锦绣山，即使是在冬天，山上也仍旧草木蓊郁。**晴天的时候，碧水映着青山蓝天；阴天的时候，能看得见云雾缭绕，仙气十足。山里还有几个溶洞，溶洞里是五彩缤纷的钟乳石。** 看着游记里面其他旅行者拍的照片，让人好不向往。

唯一的问题就是，因为地理位置偏僻，经常有人找不到景点自带的停车场。

但是所谓"世之奇伟、瑰怪、非常之观，常在于险远"，不经一番工夫，哪能看到美景？

不过这美景……也太远了吧！

不仅远，从县城开过来要两个多小时，而且很难找。爸爸在错过了一个高速出口后，又在国道和乡间小路上徘徊了一个多小时，终于离目的地稍近了些。

折腾了一番，好不容易快到景点了，爸爸便开始一路寻找停车场。

说来也奇怪，虽然大家在网上一再强调这里的停车场非常难找，但是没有开多久，远远地就可以看到路边竖着一个红色的大牌子，上面写着"锦绣山停车场"六个大字。

"这还挺容易找的呀？"爸爸看着路牌，有些奇怪地嘀咕，"这么大一个牌子，怎么可能找不到呢？"

"爸爸，你先不要着急开进去！我们离定位的停车场似乎还有一些距离？"小霜看了看手机上的导航，对爸爸说。

"那也许定位有些不准吧？"看着一辆车从他们身边驶过，随后驶入停车场，爸爸决定就在这里停车。

小霜还是将信将疑，可惜方向盘并不在她的手中。

车开到了停车场门口，有一个管理员像模像样地招呼着来往的车辆："这里是停车场，想去锦绣山的人要在这儿停车啊！不然前面可就没有地方停了！"

小霜听了这句话，摇下车窗，探出头看了看四周，发现停车场里面是碎石子铺成的地面，便对爸爸说："爸爸，我觉得这个停车场看起来不是很正规的样子，要不要再往前走走？"

"哎呀，小霜，这个时候就不要介意这些了，**万一往前开了发现没有停车场，再回来，连停车位都没了，怎么办？**"

停车场的管理员听到这对父女的对话也在旁边附和："前面没几步路就到锦绣山了，你们停在这里，走

过去没有多远。而且我们的车位也是很紧张的，没剩几个了！"

仿佛是为了印证他的话，又一辆车从旁边驶了进去。

看到此情此景，爸爸生怕自己耽误了时间，丢失了停车位，赶紧顺着对方的指挥开了进去。

停好车，一家人从车上下来才发现，刚才只顾着思考停不停车，停车场的价格还不知道。问了门口的管理员，全家人吓了一跳。

原来，这停车场的收费太贵了！一个小时居然要四十块钱！

"真黑心啊！"爸爸发出深深的叹息，但似乎也没有什么办法。

　　假如有 A 和 B 两个城市，这两个城市信息不互通。

　　如果你在 A 市，卖一种只有 A 市才有的东西，你会将价格定得比 A 市的市场价高吗？

　　如果在以上前提下，你将 A 市的东西拿到 B 市来卖，在 B 市人不知道这种东西的情况下，你会将价格定得比 A 市的市场价高吗？

刚走出停车场没多久，爸爸就后悔了。虽然手机导航显示离锦绣山只有一公里左右，但是基本都是上坡路，还没走到一半，一家人就已经累得气喘吁吁了。

好不容易爬到了上面，总算见到了锦绣山景点的大门！

在入口处的游客中心休息一番后，一家人又踏上了旅途。

虽然锦绣山十分偏远，但是山里的景色也确实值得这份儿辛苦。

即使是冬日，山上的树木大多依然十分葱翠。许多茂密的竹子形成了一片又一片的竹林。高大的柏树直入云天，而阳光也从树梢间照下来，映着地上黄色的落叶，别有一种秋冬时缤纷的美感。

走过了半个山头，便看到一处乘船的码头，**是去往景区中心溶洞的必经之路。一家人买好票，坐上了船。船行驶在河面中央，头顶映着蓝天，碧水照着青山，人仿佛走进了画中。**

船上还有另外一户人家。在船边欣赏了一会儿美景，两家人就互相搭起话来。原来这一家人也是带着老人和小孩儿，趁着春节小长假出来游玩儿的。

当说起锦绣山，两家人都对景点隐蔽难找感同身受，虽然景色怡人，但是经过一番折腾，大家都已十分疲惫。

"要不是有这游船，老人和小孩儿都快要吃不消了！"爸爸感叹道。

"这里的高速口是挺难找的，不过走过来的路也还好吧？"听到爸爸的话，对方有点儿奇怪，"我们就把车停在景点游客中心边上的停车场，离景点还挺近的，步行一百米左右就到了。就是这个停车场有点儿难找，一般的停车场都是在正对景点入口的地方，这个停车场却要绕到入口的后面。"

听到对方的描述，爸爸感觉事情有点儿不对劲儿："那我去的又是什么停车场？"

船上的导游听到两家人的对话，忍不住过来插了一句嘴："哥，你说的那个停车场好像是我们这边一个私人老板开的，收费又很贵，停车场的设施又非常简陋，可坑了！"

"对对对！"爸爸还没出声，小冰就连声附和，"那个停车场都是碎石子铺成的，车开进去一颠一颠的，颠得我可不舒服了！"

"那你们确实被坑了。锦绣山自己的停车场可是正儿八经的水泥路，绝对不会有这样一颠一颠的情况。而且那边的停车场非常不干净，旁边的水沟里经常有很多垃圾，他们也不及时清理。和锦绣山自带的停车场相比，那里可差了十万八千里呢！"

"那这个停车场岂不是专门坑外地人的？"小冰有点儿愤愤地问。

"你说对了，小妹妹。就因为我们这里景点的停车场比较难找，所以那个老板才会把停车场开在显眼的地方，来骗你们这些不知道情况的外地人。**我们本地人来这里玩儿，都会找锦绣山自带的停车场。而且，只要你买了门票进去游玩儿，在锦绣山自带的停车场停车是不收费的！"**

"那我们岂不是被坑惨了？"爸爸听到导游的话，心中十分后悔，"哎呀，早知道我就应该往前多开一段路！"

"**其实我倒觉得咱们开进去也合情合理，爸爸你不必这么自责。**"看到爸爸的神情，小霜开了口，"你看，在来的路上，不也有很多辆车像我们一样直接开了进去吗?

"这件事情在经济学上也有解释。**在经济学上，信息也是一种生产要素，而且对于我们这些不了解情况的外地人而言，信息这种生产要素在我们交易的时候是非常稀缺的。**

"**而信息的拥有者就会利用这种稀缺性，使自己处于一个垄断的地位，停车场老板就是这样的一个例子。**我们多付的停车费就是因为不了解信息而产生的**信息租金**。

"信息租金在我们的生活里非常常见。不仅是停车场的老板，菜场的阿姨在你不了解蔬菜价格的时候，也会暗自提高价格。因为不了解信息而多花钱的情况，在我们生活中几乎是不可避免的。

"所以爸爸也不用为这件事情而后悔，毕竟这确实避免不了，比起多付点儿钱，你更应该担心我们没地方停车吧！我们能做的就是多收集信息，努力抵消这种信息租金带来的经济损失！"

"小霜这么一说，我感觉心里好受一些了。**看来，提前了解信息，真的非常重要啊！** 小霜，这个你最擅长，以后你多了解了解，我多听听你的意见！"

"爸爸，别以为我没看出来你想偷懒，指使我做事儿！"小霜故意白了爸爸一眼。

"哈哈哈，好女儿，我和你开玩笑呢！以后我会多多注意的！"

小 知 识

租：

　　也叫"经济租金"，在经济学里的原意是指一种生产要素的所有者获得的收入中，超过这种要素的机会成本的剩余。我们通常所说的租金有三类，分别是垄断租金、独特资源的租金和创新能力的租金。

信息租金：

　　就是利用信息去追求租金，即利用信息资源去获得多余的收入或者利润。

应用场景

暑假里，全家去了水上乐园。关于买票、租泳圈、游玩路线等，爸爸都提前从网上做了攻略。可来到水上乐园，我们还是被坑了。刚一进入停车场，就有很多人围上来，让我们租他们的泳圈，并且都说自家的比较便宜。爸爸一开始都拒绝了，后来架不住不停地有人过来推销泳圈，都说比园区里的租金便宜，结果爸爸半信半疑地租了两个。等我们进入园区一打听，才知道上当了。原来，租赁时间两小时以内，外面的更便宜，而租赁时间如果是两小时以上，园区的更划算。

结果我们在这儿玩儿了一天，租赁时间远远超过了两小时。

3. 为什么选择快餐店？

均质减少了信息差

虽然爸爸因为不了解停车场的相关信息多花了一些钱，不过锦绣山景点还是非常值得一看的。

特别是坐船才能到达的中心溶洞，里面有各种各样奇形怪状的钟乳石，在五颜六色的灯光照耀下，呈现出一派美轮美奂的世外仙境。

在这样的美景下，小冰一家人也忘记了停车场事情所造成的不愉快。

一个下午走走看看，到了傍晚时分，一家人都感觉有些累了，肚子也咕咕地叫了起来，于是开着车一路寻找可以吃饭的地方。

终于开到了邻近的县城，一家人兜兜转转了一圈儿，看到了一些当地特色的土菜馆，还有常见的连锁快餐店。**在这些土菜馆当中，最具有特色的菜品，是用红底白字大条幅宣传的土鸡汤。**

看到这些餐馆之后，一家人对到底去哪里用餐产生了分歧。

好奇心十足的小冰想去试一试当地特色的土鸡汤，而妈妈和姐姐则觉得这些馆子可能并不太好吃，不如去其他饭店或者快餐店。

大家因为这件事情争执不下，最终都看向了开车的爸爸。**爸爸觉得好不容易出来玩儿一次，不吃一些富有当地特色的东西实在是有点儿可惜。但转念一想，大家饿了一天，如果再点到不好吃的菜，那可就太亏了！**

"没关系，爸爸，也就是一顿饭而已，实在不行我们还可以去宾馆吃泡面，哈哈！"

小冰这话打动了爸爸。爸爸一想，对，实在不行就回去，在旁边的小商店随便买点儿泡面也行啊！

于是爸爸一拍大腿："走！咱们喝土鸡汤去！"

只剩下妈妈和姐姐对看一眼，默默地叹了一口气。

主营招牌土鸡汤的餐馆，店面都比较朴素。他们走到一家看起来不错的馆子，进去却发现里面人并不多。

虽然人不多，但服务员的态度却也没有因为小冰一家的到来而热络一些，只轻飘飘地丢下一张菜单，连餐具都忘了摆上来。点好了菜，服务员也是"千呼万唤始出来"。

想一想

在平时可以自己挑选菜品质量的时候，你的爸爸妈妈是喜欢去超市买菜，还是喜欢去菜市场买菜呢？

那如果是在不能挑选的情况下，比如直接配送，那你的爸爸妈妈更喜欢让超市还是菜市场的人送呢？

一家人原本还对鸡汤有一点儿期待，但是服务员的态度让他们的心凉了一大半。

这还不算完，在服务员答应了三四次，催了五六遍之后，一家人才尝到了著名的特产土鸡汤。

可土鸡汤的卖相稍微有些不尽人意，在一个大钢盆中盛着黄黄的汤，汤上漂浮着一层厚厚的油脂，里面隐约露出一些鸡肉。

"这个看起来有点儿不太好吃啊！"小霜看了看这盆黄色的土鸡汤，半是调侃半是无奈地对小冰说，"小冰，要不咱们还是别喝了……"

"万一这个汤和臭豆腐一样，看着不香，吃着香呢？"小冰嘴上还是犟得很。

一家人就看着小冰小心翼翼地舀了一勺汤，放到自己的碗里，然后又小心翼翼地喝了下去。

结果……刚喝第一口，小冰就忍不住把它吐了出来。

"这到底是什么汤呀？也太咸了吧！"

原来，这里的土鸡汤不仅重油，而且重盐，这让平时饮食清淡的一家人都有些倒胃口。

小冰又捞起一块儿鸡肉咬了一口，肉质硬邦邦的。这下，一盆汤除了菌菇之外，剩下的几乎难以下咽了。

这就是传说中的"特产"吗？小冰在餐桌旁苦着一张脸。

"早知道这个样子，还不如去吃汉堡呢！汉堡可比这个东西好吃多了！"

接下来这几盘菜也不太让人满意，只能说是非常普通的家常菜水平，一家人勉勉强强填饱肚子，便谁也不想再动筷子了。

　　"早知道这样，当初就应该听姐姐的话，去连锁快餐店……"小冰这次的好奇心虽然没害死猫，但是至少损失了一顿好吃的，这让她感觉十分沮丧。

　　"那你知道为什么姐姐和妈妈会更愿意选择连锁店吗？"

　　"为什么？为什么？这里面一定又有很多道理，姐姐，你快讲给我听听！"

　　"在停车场那边，**姐姐不是介绍过信息租金这个概念了吗？既然有人提出来这个概念，那一定会有很多人更早认知到这个概念。所以在概念提出之前，就有消费者经常去同一家店或者同一个地方买东西，以降低这种信息租金的存在。**

"但是随着全球经济的发展，不同城市甚至国家之间的贸易往来逐渐变多，人们要验证信息的成本也逐渐增高了。**那这种情况下，怎样才能满足消费者对降低信息租金的需求呢？**

"**有些厂商因此就实行规范化管理，快餐店就是其中的典型例子。** 无论是食品标准还是生产流程，在不同的国家，大体上都是一样的。这种产品标准的固定，**保证了食品的下限。** 特别是在旅行途中，当一个人到一个陌生的地方，并且不了解当地情况的时候，快餐店往往会成为他的首选，这就是因为快餐店降低了他获取信息的成本。

"在这次选择饭店的时候，姐姐和妈妈其实注意到，整个县城的城市基础设施水平并不是很高，饮食习惯也跟我们平时有很大的差别。在这种情况下，'踩雷'的概率会升高，与其冒着一定的风险尝试一下这里的特色，不如干脆选择同质化的产品，好好地吃上一顿饱饭。"

"原来是这样啊！怪不得平时都不怎么让我吃快餐的妈妈，这次居然会同意咱们一起去吃快餐了。"

"那当然了，妈妈听完姐姐讲的信息租金概念之后，选餐的时候就已经学会举一反三了，你就没转过弯儿来吧。"

"嗯……看来以后我还得多学会在生活中运用经济学知识，将知识点融入生活呢！"

"是呀！不过这次的土鸡汤至少也让小冰长教训了！"姐姐又忍不住揶揄了一下小冰。

"哎呀，姐姐，你就不要再说了！"小冰假装生气地叉着腰，一家人的不愉快也在这打闹声中烟消云散了。

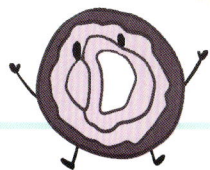

小知识

食品标准：

以某连锁快餐店为例，为保障食品品质，该连锁快餐店制定了极其严格的标准。例如，牛肉食品要经过 40 多项品质检查；食品制作完成后超过一定期限（汉堡的时限是 20—30 分钟、炸薯条的时限是 7 分钟）便丢弃不卖；肉饼必须由 83% 的猪肩肉与 17% 的上选五花肉混制。严格的标准使顾客在任何时间、任何地点所品尝到的该品牌的食品都是同一品质。

应用场景

炎炎夏日，我们一家自驾来到了海边城市。偏偏天公不作美，我们刚到宾馆，天就下起雨来，空气也变得阴冷潮湿，看来今天下海无望了。一家人饥肠辘辘，决定先填饱肚子。我一路上看到各种特色馆子、农家小院儿，想要爸爸带我去，却被爸爸一口否决："今天下雨，我们还是叫外卖，选一个快餐来吃比较保险，顺便适应一下这里的气候。"为什么快餐会比较保险呢？

孩子看得懂的经济学

交易的秘密

唐鹏鸣 / 著

小井井 / 绘

海豚出版社

DOLPHIN BOOKS

CICG 中国国际传播集团

图书在版编目（CIP）数据

孩子看得懂的经济学 . 交易的秘密 / 唐鹏鸣著 ; 小
井井绘 . -- 北京 : 海豚出版社 , 2022.6
ISBN 978-7-5110-6002-0

Ⅰ . ①孩… Ⅱ . ①唐… ②小… Ⅲ . ①经济学 - 少儿
读物 Ⅳ . ① F0-49

中国版本图书馆 CIP 数据核字（2022）第 096017 号

孩子看得懂的经济学　交易的秘密

唐鹏鸣　著　小井井　绘

出 版 人	王　磊
出　　品	丁俊松
统　　筹	郑海波
策　　划	田鑫鑫
责任编辑	梅秋慧　潘金月
特约编辑	潘惠同　董晓雪　吕思思
封面设计	扁　舟　尚丽俐
装帧设计	杨西霞
责任印制	于浩杰　蔡　丽
法律顾问	中咨律师事务所　殷斌律师
出　　版	海豚出版社
地　　址	北京市西城区百万庄大街 24 号
邮　　编	100037
电　　话	010-68325006（销售）　010-68996147（总编室）
印　　刷	北京盛通印刷股份有限公司
经　　销	新华书店及网络书店
开　　本	720mm×1000mm　1/16
印　　张	23.5（全八册）
字　　数	240 千字（全八册）
印　　数	20000
版　　次	2022 年 6 月第 1 版　2022 年 6 月第 1 次印刷
标准书号	ISBN 978-7-5110-6002-0
定　　价	200.00 元（全八册）
版　　权	daly.ding@chinamediatime.com

序 言

《孩子看得懂的经济学》是一套别出心裁的面向儿童的经济学科普读物。这套书从读者同龄人的视角出发，用贴近儿童生活的生动案例，以图文并茂的形式为读者打开了经济学世界的大门。这套书的定位是儿童读物，但其内容涉及经济学的诸多基础理论，比如厂商理论、消费者理论、外部性、信息不对称等。

许多家长可能会有疑问，孩子有必要这么早就接触经济学理论吗？答案是——很有必要。让孩子更早地了解和认识经济学，并不是要让他们学会"斤斤计较"，而是要让他们尝试去思考支配着人们的经济行为背后的逻辑。现代社会的经济活动高度复杂，每个个体都通过经济这张网络紧密地相互联结在一起。用恰当的方式让孩子接触和领会经济学原理，能够为孩子提供一个认识经济、认识社会，最终认识自己行为的思维起点。

更重要的是，要让孩子逐渐理解他（她）所做的每一个选择都有相应的收益和成本。成长的过程就是孩子逐渐发现自己的"目标函数"的过程，即从其所关切的目标出发，然后赋予每个选择所对应的"收益"与"成本"的过程。如果孩子具备一些经济学思维，他（她）在确立自己的人生目标之后，就更可能"理性"地去选择最能实现其人生价值的成长道路。

最后，我诚挚地向大家推荐这套优秀的经济学科普读物，相信不会令读者失望。

厦门大学经济学院、王亚南经济研究院助理教授

高岭

目 录

终于到了寒假，
沈小冰和姐姐沈小霜在家百无聊赖，
决定提前到外婆家帮外婆忙年去！
在忙年的时候，
小冰发现……

1. 分工一定要能者多劳吗?

按比较优势分工

自从《魔法师系列》图书事件发生之后，期末考试也快到了，同学们陆续进入复习状态，沈小冰的生活变得安静而忙碌。期末考试结束后，小冰开始了寒假生活。

对于小冰这个年纪的小朋友来讲，每一个假期几乎都过得一模一样，开始两天是兴奋的，和同学们在游戏中寻找快乐，玩得不亦乐乎。但是没过两天，游戏玩儿腻了，书也没有什么想看的，就会变得无聊起来。

好消息是，小冰无聊的假期生活没过几天，姐姐沈小霜也放假回家了。

姐姐回到家中，和小冰一合计，反正在家里待着也是待着，不如到外婆家住住，在过年之前给外婆帮帮忙，还能学会不少生活技能，增长点儿新的见识，也能给小冰的寒假作业提供一些素材。

于是，姐妹俩就在一个天气向好的日子，拎着大包小包，裹着围巾，迎着风来到外婆家。对于姐妹俩的到来，外婆当然是十分欢喜的，**刚来的两天都舍不得让她俩做些什么。外婆开心地忙里忙外，每天都是大鱼大肉好吃好喝地"投喂"她俩。**

面对外婆的盛情招待，小冰和小霜心里乐开了花。过了两三天后，姐妹俩说什么都不忍心再让外婆独自一人操劳，在她们的一番软磨硬泡之下，外婆终于答应让她们帮着一起准备年货、打扫屋子，做一些打下手的事儿。

开始准备忙过年时，小冰才发现过年之前要干的事情可真多。其中最重要的，就是准备各种各样的吃的，从饺子、元宵，到肉丸、腊鸡等，可复杂了！这令小冰有了"崩溃"之感。

但是，事情多还不是让小冰最崩溃的。最让小冰崩溃的，是她什么都不会做！

小霜因为在学校住宿，生活经验比较丰富，跟着外婆做了两天之后，已经能非常熟练地帮着外婆和面弄馅儿了。

而小冰因为年纪比较小，体力还不足，没有做饭的经验，所以什么事情都做得不太好。第一天，小冰把糖当成盐加进了肉馅儿里。第二天，她包的饺子露出了馅儿。

到了第三天，她在拿东西的时候把盘子打碎了。

连着经历三天的失败，饶是心态很好的小冰，也终于瘫坐在地上，号啕大哭起来："怎么连调个肉馅儿、包个饺子都这么难呢！"

听到小冰的哭声，外婆和姐姐都放下手中的活儿，走了过来。一个摸着小冰的头，拍着小冰哭得一抖一抖的背，一个给小冰拿来毛巾擦着眼泪，两人劝她："要不你还是到一旁玩儿去吧，这里有外婆和姐姐，没事儿的！"

但是没想到，这么一说，小冰更是充满了挫败感，哭得更厉害了："不行，不行，我不要干坐着，我一定能做好的！"

"好好好，让你做！"外婆看着小冰哭丧似的脸，想出了一个办法，"那不如你和姐姐一起跟着外婆，把咱们要忙活的东西都准备一下，看看有什么你做得不错的事情，就交给你负责了！"

小冰歪着头想了想，这确实是个好办法。于是，她和姐姐跟

着外婆，把从和面开始大大小小的事情都干了一遍，整整干了三天。

但是看到干完活之后的"产出"，小冰又变得沮丧了。无论是炸的肉丸儿还是搓的元宵、包的饺子，做得最好的，永远是外婆。姐姐做的虽然达不到外婆那样已臻化境的水平，但也算是一件不错的成品。

到了小冰这里，大部分的成品都离及格线差了好几个跑道，其中几样做得还不错的，也只能说是在及格线上下徘徊。

难道我就没有什么可以做得好的了吗？小冰又一次受到了打击。她嘴上虽然没说什么，但是眼睛里已经开始蓄起小湖泊了。

　　如果你和同桌一起画一幅画，你擅长描边，而同桌比你更擅长涂色。你们会如何分工呢？

　　如果你和同桌一起画一幅画，同桌描边和涂色都比你更擅长，但是比起涂色，你更擅长描边。那么这个时候你们会怎么分工呢？

正在小冰委屈巴巴打算完全放弃的时候，外婆仔细地看了看这堆成品，从里面挑出了一只元宵和一只水饺，说："小冰，你看这些东西里面，你元宵做得最好，水饺也不错，比起你前两天捏露馅儿的那个饺子，进步大多了。要不你就帮外婆搓元宵、包水饺吧。"

"虽然外婆这么说，但是我的元宵做得可比您的差多了，就这个样子，怎么好意思拿出来嘛！"小冰觉得外婆就是在安慰自己，其实自己还是什么都做不好，所以想都没想就拒绝了，"要不还是外婆和姐姐来吧，我就不掺和了。"

"小冰，别着急拒绝嘛，外婆说这句话可是有经济学道理的！"一直在旁边不作声的姐姐突然插了一句。

"那这儿又是什么道理呢？"对于姐姐的话，小冰也是将信将疑，不过听到经济学道理，她不禁心头一亮。

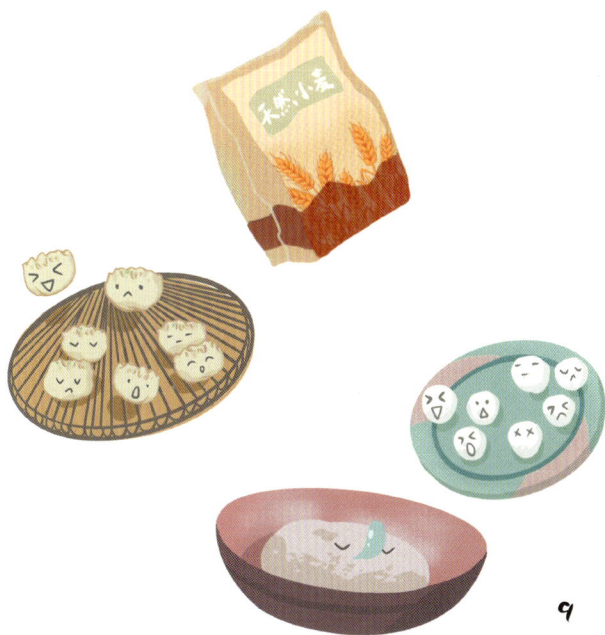

"说到这个道理，你知不知道在经济学里有一个概念叫作'**绝对优势**'？

　　"**这个绝对优势指的就是你跟别人比起来一定特别厉害的地方。比如，与你的同桌相比，你数学作业总是写得快，这就是一个绝对优势。**

　　"**这个绝对优势是交换的基础。**放在我们忙年货这件事情上，就是假如你搓元宵比姐姐搓得好，姐姐炸肉丸儿比你炸得好，那么姐姐和你的绝对优势就形成了互补。

　　"在这种情况下，如果同时做肉丸儿和元宵，1个小时的时间里，原本姐姐只能做3个肉丸儿和2个元宵，而你只能做3个元宵和2个肉丸儿。但是如果我们只做自己具有绝对优势的事情，姐姐1个小时可以做6个肉丸儿，你1个小时可以做6个元宵。这样我们一交换，用你的3个元宵交换我的3个肉丸儿，我们各自得到的肉丸儿和元宵就都比原来的多了。"

　　"这样的话，我们一交换，东西就都变多了！**但是，现在的我和姐姐比，可没什么'绝对优势'。**"小冰想到自己搓的元宵，撇了撇嘴。

　　"别急嘛。**这就涉及姐姐说的第二个理论，就是'比较优势'。比较优势指的是对于自己而言更擅长的，比如，相比炸肉丸儿，搓元宵就是你的比较优势。**

"假如只做一件事情，姐姐1个小时只能做6个元宵或者7个肉丸儿，小冰1个小时可以做5个元宵或者3个肉丸儿。同时做的话，同样的时间内，姐姐可以做4个肉丸儿和2个元宵，而你只能做3个元宵和1个肉丸儿。这时候你如果只做元宵，姐姐只做肉丸儿，用你的5个元宵加姐姐的7个肉丸儿，姐姐和你所获得的元宵和肉丸儿总数还是变多了！

"所以说，在做事情的时候，千万不要因为觉得自己什么事情都做不好而放弃。无论是多么弱小的人，只要能好好发挥自己的比较优势，总能做出来成绩！况且，你包饺子进步这么快，搞不好很快就能变成绝对优势了！"

姐姐的一番话将小冰心里的乌云一扫而空，只见小冰重重地点着头说："姐姐，我明白了，现在我就搓元宵去！"随即一蹦一跳地找包元宵的食材去了。

看到小冰重新恢复了活力，外婆和姐姐都开心地笑了。

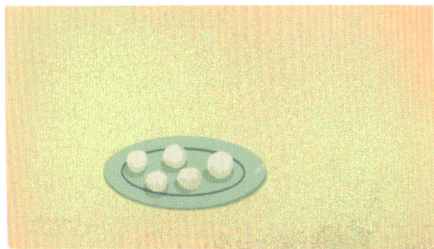

绝对优势理论：

绝对优势理论亦称"绝对成本理论""绝对利益说"，该理论认为，国际贸易产生的原因是国与国之间的绝对成本的差异，如果一国在某一商品的生产上所耗费的绝对成本低于他国，该国就具备该产品的绝对优势，从而可以出口该产品，反之则进口。各国按照本国的绝对优势形成了国际分工格局，各自提供并交换产品。

比较优势理论：

比较优势理论认为，国际贸易的基础是生产技术的相对差别（而非绝对差别），以及由此产生的相对成本的差别。每个国家都应根据"两利相权取其重，两弊相权取其轻"的原则，集中生产并出口其具有"比较优势"的产品，进口其具有"比较劣势"的产品。

应用场景

　　终于到暑假了，一学期紧张的学习算是告一段落了，可以每天去公园里和伙伴们一起玩闹啦。

　　但放假前老师给我们布置了很多暑假作业，想想这些作业，我的暑假似乎便不那么快乐了。昨天，同桌来我家玩儿，和我一起写作业。妈妈看了一会儿，说我同桌在完成作业方面有绝对优势。他可以在一个小时内完成三页数学和两页语文，而我在一个小时内只能完成两页数学和半页字帖。同桌因为完成作业的效率高，他的绝对优势也明显。

　　听完妈妈的分析，我对同桌的效率比我高很不服气。妈妈笑着说，每个人都会有自己的优势，只要能够完成作业，就都是好孩子。

听了妈妈的话，我也要增加自己的优势。

过了几天，同桌又来找我写作业，我找来妈妈，铆足了劲儿要和同桌比比，看谁做题的速度更快。我们今天只做数学题，谁能最快完成三页数学题，就能获胜。比赛开始了，同桌看起来不慌不忙，很快就完成了第一页。我看了看还剩不多的题目，心想我肯定能赶上同桌。结果很快半个小时过去了，同桌说他已经完成了三页题目，但我第二页还差几题没完成。这样的结果让我沮丧极了。妈妈笑着安慰我，我已经有了比较优势，和过去的自己相比，我已经有了很大的进步，这就是最大的优势。

2. 以物换物反而让大家更开心？

交易让大家都变好

搓完了一天的元宵，小冰和姐姐的任务也告一段落，祖孙几个围着饭桌吃了起来，外婆还煮了一锅热气腾腾的小米粥呢。

餐桌上配菜不少，其中就有小冰最喜欢吃的外婆做的香肠，**散发出浓郁的香味。肥瘦相间的肉片儿，配上鸭蛋和菜，边吃边聊，开心极了。**

大家正吃着饭，门铃突然响了，外婆打开门一看，原来是隔壁的陈奶奶。

"哎呀，你来了！"看到陈奶奶，外婆热情地招呼着，"我们正在吃饭呢，你要不要也来一点儿？今年刚下来的新米，熬粥很香呢！"

"好啊！那给我来

一碗呗！小冰和小霜也在呀？"陈奶奶走到餐桌前的空位上坐了下来。

"陈奶奶，好久不见啦，这次过来，是有什么事儿呀？"

"我呀，是来和你外婆商量一起准备年货的事儿。"

"哦？您和外婆要准备些什么呢？"一听到"年货"两个字，小冰就知道又有好吃的了，"蹭"的一声从座位上跳起来，急忙问陈奶奶，"陈奶奶和外婆到底准备了什么好吃的呀？"

"这个嘛，我打算做一点儿糕点和香肠，你外婆做一点儿牛肉。你外婆做的牛肉好吃，而我呢，别的手艺也没有，就是香肠做得还不错。我和你外婆一起分工，到时再把做的食物交换分享！"

陈奶奶回去之后，小冰好奇地问外婆："外婆，牛肉可比做香肠用的猪肉要贵多了，怎么感觉您和陈奶奶直接换，有点儿不值呢？而且，我觉得外婆做的香肠'天下第一'好吃！谁也替代不了！"

外婆叹了口气："外婆也想给你们继续做香肠，可惜年纪大了，腰不好了。做香肠的原材料虽然不贵，但是工序非常麻烦。要是整个做下来，外婆的老腰都要累断咯！"

"我可以帮外婆做呀！"小冰一边心疼外婆，一边又挂念着外婆做的香肠，不知道陈奶奶的手艺怎么样，加上这两天她包饺子的技能有所提高，不禁跃跃欲试起来。

听到小冰的话，外婆虽然心里十分欣慰，但是她知道做香肠不仅是体力活儿，其实还是个技术活儿。以小冰现在的水平肯定是远远不够的。

但是小冰哪管那么多呢，她还拉上了姐姐，说："外婆要是不放心我，我可以和姐姐一起做呀！"

看着小冰跃跃欲试的表情，外婆只好无奈地笑着说："好吧，那你跟姐姐一起试一试吧！"

如果你会做饼干，你的好朋友会做蛋糕，而你们都想吃饼干和蛋糕，你会用你的饼干换你好朋友的蛋糕吗？

如果你同时会做饼干和蛋糕，你还会和好朋友交换吗？

　　第二天，外婆就买来了肠衣，教姐妹俩做香肠。原本在小冰的印象里，只要做好一盒肉馅儿，灌到肠衣里面就行了。但是在外婆的指导下，小冰才发觉做香肠并不那么简单。把肉馅儿灌进去之前，首先要腌制肠衣。

　　说到腌制肠衣，这可是个技术活儿。要先把肠衣反复搓揉，软化之后，还需要内外冲洗。**洗的时候还要注意水温，既不能低，也不能高——低了肠衣泡不开，高了韧度就不够。**

　　而做香肠的重中之重——切肉馅儿，就更麻烦了，要先把瘦肉切成肉片儿，然后再切成肉条儿，之后切成肉丁儿。接下来用盐水浸泡肉丁儿，浸泡时要将血水揉出来，再捞起反复浸泡，最后冲洗干净。肥肉也是要如此准备。

　　准备工作都完成后，便将洗净的瘦肉丁儿和肥肉丁儿按比例混合，加入调料拌匀，每两小时上下翻搅一次。这样翻搅四次，肉馅儿才能做完。准备的配料也比较丰富，不仅需要盐、糖，还需要将十三香、八角等多种香料磨碎，慢慢混入馅儿中。

　　小冰和姐姐泡的两个肠衣都破了，之后还是在外婆亲自动手的情况下，才勉勉强强做到了刚好能灌入肉馅儿的程度。

而肉馅儿的制作就更不用说了，每两小时一次的翻搅让小冰感觉胳膊和手都快要断了。

饶是这样，小冰和姐姐也只做出了够两三根肠衣用的肉馅儿而已。

但是做完一尝，不是香料放多了，就是盐放少了，离能吃的程度还差得很远。

"不做了，不做了！"尝完自己做的肉馅儿之后，小冰瘫坐在了地上。

姐姐在一旁提醒她："小冰，你可不能现在说'不'，我们还没有把肉馅儿灌进肠衣里呢！"

"还有这个步骤要做啊……"小冰觉得自己要被香肠给折磨疯了。再这样下去，连晚上睡觉，梦里都是成串儿成串儿的香肠在背后追她了。

"姐姐知道这个很累，姐姐也挺累的。但是你之前答应做的事情就要做完，这样才能感受到这个过程是怎样的艰辛！"

"好吧……"小冰哭丧着脸，和姐姐一起把肉馅儿慢慢地灌进肠衣里。

灌肉馅儿这件事情是最需要力气的，馅儿要压实压紧，这样做出来的香肠才好吃。如果没有压紧，过于松软，香肠就失去了口感和嚼劲儿。

这一步对于小冰来说是最不好掌握的。力气小了怕肠衣灌不满，力气大了又会把肠衣给撑破。

终于，在外婆和姐姐的共同帮助下，小冰完成了人生当中"第一根香肠"的制作。

做完了这根香肠，小冰终于知道做香肠这件事情真的是个技术活儿，便再也不敢对它有执念了。只是可惜以后没法再吃到外婆做的香肠了。

姐姐还是看出了小冰对外婆做香肠这件事情的执念，把她悄悄拉到一边，问道："小冰，为什么你对外婆做香肠这件事情这么执着呢？"

"当然是因为我最想吃外婆做的香肠啊！我觉得外婆做的香肠是天底下最好吃的！"

"现在的问题是外婆年纪大了，腰不大好了，已经不能给咱们做香肠了，所以外婆才用牛肉去跟隔壁的陈奶奶换香肠。对于外婆来说，用牛肉换香肠，虽然有点儿不值得，但是却省了不少事儿，其实是利大于弊。

"你还记得我们之前去美食节时，妈妈非要在家给我们做小吃的事情吗？其实呀，交易这件事情之所以成立，是因为如果全都由自己完成，并不一定会比别人做得更好，还浪费了过多时间、成本。在双方自愿的前提下，交易反而会让情况变得更好。

"在交易的时候，每个人都会选择去干自己更擅长的事情。因为自己干的事情更擅长，等于节省了时间和精力，提高了效率！这样，总产出多了，每个人得到的也多了，交换让大家所拥有的变得更多了。"

"原来是这样！道理我都懂，可是……我还是很想吃外婆做的香肠！"

"陈奶奶做的香肠，未必会比外婆做得差呀！姐姐相信外婆的眼光，一定不会给咱们吃不好吃的东西的！"小霜笑着摸了摸小冰的头。

"姐姐说的也对，那我就等等吧。"

过了两天，陈奶奶送来了已经做好的香肠，看起来也是相当不错！看着香肠，小冰流下了口水，外婆看到了，当即就把一小段香肠放到了蒸锅里。

小冰嚼着陈奶奶做的香肠，感觉虽然和外婆做的味道有些差别，但是也十分好吃。

原来，交易真的可以让每个人的境况都变得更好呀！

小 知 识

交易的自愿原则：

自愿原则，是指消费者和经营者在从事市场交易活动中，能够根据自己的内心意愿，设立、变更和终止商事法律关系。其具体内容包括：

消费者与经营者有权自主决定是否参加某一市场交易活动，他人无权干涉；

消费者与经营者有权自主决定交易对象、交易内容和交易方式；

消费者与经营者之间的交易关系是以双方真实意愿一致为基础的。

应用场景

我的同桌最近迷上了收集文具，如橡皮、便签、笔记本……单单她的自动铅笔就有七八种好看的样式。其中有一款铅笔的造型是恐龙，我特别喜欢，也很想有一支这样的铅笔。放学后，我在学校附近的文具店里找了很久，也没有找到同桌那样的恐龙铅笔。我实在是太喜欢那款恐龙铅笔了，于是第二天，我提出用我的笔记本换她的恐龙铅笔。因为我的笔记本价格比恐龙铅笔的价格高，同桌思考了很久，终于同意了我的想法，我们对此都很满意。晚上，爸爸知道了这件事情，他说虽然我用一个价格较高的物品换到了价格较低的物品，但只要我们双方都是自愿，这也是很好的解决方法。

3. 为什么卖菜的阿姨会说买得越多越便宜？
"价格歧视"让效率变高

有了小冰和小霜的帮忙，外婆置办年货的速度比以前她和外公两个人一起置办时快了许多。

离过年还有一段日子，要提前准备的东西都已经准备好了。外婆也闲了下来，每天就去菜市场买点儿菜，回来做给小冰和小霜吃。

虽说年货忙完了，但小冰还是闲不下来。这天她看到外婆正准备起身买菜，于是自告奋勇地跑到外婆面前："外婆，我来帮您买吧！您说说看需要买点儿什么，我用笔记下来，保准儿都给您买齐！"

"我们家小冰真是越来越能干了！"外婆笑着摸摸小冰的头，"那行吧，外婆给你列个单子，你就照着这些先去帮外婆买回来。"

外婆说着就给小冰讲了几样，有胡萝卜、土豆、包菜、酸菜、牛腩，还有黑鱼！

"外婆，看这个菜谱，您是不是要做酸菜鱼和红烧牛腩呀？"

"嘿！小冰真是个小机灵鬼，一猜就猜出来了！"**外婆笑着又摸了摸小冰的头。**

"那当然啦！对于吃的我可是最上心了！"小冰把外婆说的菜单记下来，然后小心翼翼地折好，放进兜里，"外婆放心吧！我这就去把清单上的东西都买回来！"

"好的，注意安全呀！那外婆就等着小冰啦！"

拿着外婆给的钱，小冰来到了菜市场。

之前在家的时候，爸爸和妈妈都是去超市买菜。而在外婆这边，**大家则更喜欢去菜市场买菜。菜市场和超市不一样，超市里面的东西都是明码标价，但是在菜市场里可以讨价还价，货比三家。**

小冰哪儿知道这些事儿。她来到菜市场，一路走着看着，也没和别家比较，就选定了一家看起来还不错的蔬菜摊位。摊主是位阿姨，挺友善的样子，看到小冰过来，热情地招呼她："小朋友，你想买点儿什么呀？"

小冰拿出纸条，对着上面的菜单，说道："阿姨，胡萝卜、土豆和包菜怎么卖？我要两根胡萝卜、一块生姜、一根大葱、两个土豆和一个包菜！"

"你确定只要这些吗？"摊主有些迟疑地问小冰。

"这就够了！"小冰回答得很笃定。

"好的！胡萝卜每斤4块钱，大葱每斤2块钱，土豆每斤3块钱，包菜每斤5块钱。你要的这些东西，胡萝卜和土豆差不多各一斤；包菜稍多点儿，一斤半；生姜和葱一起，就算你两块钱吧！一共十六块五！"

"好的，阿姨，您给我装上吧！"小冰听到阿姨算的账，觉得没什么问题，就让阿姨给她装菜，然后付了钱。

"好的，小朋友，你可要拿好啊！"

"谢谢阿姨！"买完蔬菜，小冰又去买其他的东西。把鱼和肉都买到之后，她就拎着采购的肉、菜，一蹦一跳地回了家。

到了家里，外婆看到小冰买的这些东西有点儿少。再一问小冰花了多少钱，外婆觉得买这些东西有点儿贵。

"小冰，外婆在你出门之前忘了叮嘱你，有些东西可以在家里存放的，那就要多买一点儿；多买一点儿，价格还能再便宜些。你买这些啊，跟买它两倍量的价格差不了几块钱！"

A / 4元

B / / 6元

C / / / / + / 9元
赠一

💡 想一想 ·······

　　如果你买 1 支圆珠笔，售价是 4 元；如果你买 2 支，圆珠的售价就变成了每支 3 元，这时你会多买 1 支吗？

　　那如果你买 3 支，店主就会再免费送你 1 支，这时你会再多买 1 支吗？

"为什么呀？外婆快带我去看看到底怎么回事嘛！"

因为小冰买的菜并不够一家人两天的量，于是外婆决定亲自带着小冰去菜市场再买一些菜回来。

到了菜市场，外婆拿起一根胡萝卜，仔细观看上面的纹路和褶皱，看看它水分够不够多，接着又拿起一个土豆，仔细检查上面有没有发芽。这样左挑挑，右拣拣，终于确定了一家摊位，准备在那里买。

小冰定睛一瞧，这摊位就是先前自己买菜的那个呀。

"大妈，您来了！"看到外婆后，卖菜阿姨熟练地打了声招呼，然后看到了在外婆身后的小冰，"这小姑娘原来是您家的啊！"

"对，小冰买的菜不够吃，我来你这儿再买点儿。"

"好嘞，大妈您随便挑！"阿姨拿起一个袋子，准备帮外婆装菜。

"这胡萝卜、土豆和包菜是什么价呀？"

"胡萝卜每斤四块钱，土豆每斤三块钱，包菜每斤五块钱。"

"能不能给我便宜一点儿啊？"

"您要是买的东西多，我给您算便宜点儿！"

多买还能更便宜？小冰在心里暗自惊叹。

只见外婆熟练地和卖菜的阿姨讨价还价："这胡萝卜我要五斤，你给我按每斤算三块钱呗；土豆我要六斤，每斤算两块钱呗；包菜，我要六斤，给我按三块五算呗！"

这一趟买下来，食材数量是小冰当时买的数量的五六倍，但是花的钱差不多却只是小冰的三倍。

回到家，小冰跑到姐姐面前叉着腰说："姐姐，我今天可长见识了！"

"小冰和外婆出去买菜，看到了什么呀？"姐姐笑着问。

"今天我和外婆学到了一个道理，在菜市场上买的东西越多，卖得越便宜！

"不过，我们本来就要买这么多，照理说应该维持原来的价格，卖菜的阿姨会赚得更多呀，她为什么卖得越多越便宜呢？"

"小冰，这也涉及经济学上讲的一个知识，叫'价格歧视'。当然，价格歧视不是真的歧视，只是说对于不同人的偏好，商家会采取不同的经营策略，从而鼓励你买更多的东西。

"比如说，如果甜品店没有第二杯半价，你可能就只会买一杯冰激凌，同时买两杯，会有点儿心疼钱。但是如果第二杯半价的话，你就会觉得它好划算啊，有可能把两杯都买了。

"对于商家来说，他只要多卖出去一杯，就是赚了，这样的销售方式能够让商家卖出更多的东西。"

"所以在菜市场里，更重要的是，她的菜总计卖了外婆四十块钱，而不会去计算她卖给外婆的菜的单价高低了！"小冰恍然大悟。

"是这样！特别是蔬菜这种容易变质的商品，以菜市场的条件，很难做到像超市那样隔夜保鲜，他们就更倾向于越快卖出去越好，而不是维持之前的价格。否则，虽然单价高了，但是销量少，最后赚的钱反而变少了，而且还造成蔬菜没卖完，隔夜不新鲜，也就更难卖出了"

"原来是这样啊！不过，这样一来，我岂不是被甜品店拿走了更多的钱去买冰激凌？！"

"哈哈，如果你本来就有意愿想买两杯冰激凌，那么这个价格的降低也算是你意愿范围之内的一份儿惊喜。如果你本身不想买，而为了第二杯半价去买，那才真是得不偿失了。为了避免这种情况，一定要先确认好自己的购买意愿和真实需求，千万不要因为多买价格便宜而买不必要的东西，这样你肯定会后悔的！"

"小霜说得真不错，你看外婆，虽然知道买更多的东西价格更低，但是一想到如果这些菜在这些天里吃不完，最后因变质而被扔掉，那反而是得不偿失，所以也就按照我们需要吃的量买了这些菜。"

"我明白了，那我以后还要向外婆学习，好好利用一下'价格歧视'呢！"小冰连连点头。

小 知 识

价格歧视：

价格歧视又称"价格差别"，指厂商在同一时期对同一产品收取不同价格的行为。价格歧视既可以是对不同购买者收取不同价格，也可以对同一个购买者的不同购买数量收取不同价格。

应用场景

夏天，天气热得不像话，我和同学们都变得懒洋洋的。大课间，突然有人提议要去学校小卖部买冰棒吃，同学们一听都来了精神，都吵着要一块儿去买。这时候班长提议说大家一起去不安全，他愿意和另外几位同学一起替大家去把冰棒买回来。冰棒都买 2 元一根的，同学们听了都很赞同。我一听就立马举起了手，很幸运地得到了这次的机会，于是我们几个人一起来到了小卖部。班长熟练地和店员讲起了价，我很吃惊，30 多根冰棒最后竟然只花了 54 元，结果我们还剩下了一些钱。